Jens Martin Möller
GEOMANTIE IN MITTELEUROPA

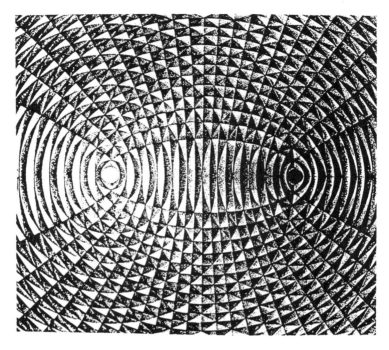
Schöpfungsakt
(Zeichnung von György Doczi)

Jens Martin Möller

GEOMANTIE IN MITTELEUROPA

Kraftlinien und Energiezentren
in Süddeutschland

AURUM VERLAG · BRAUNSCHWEIG

Mit 114 Schwarzweiß-Abbildungen

CIP-Titelaufnahme der Deutschen Bibliothek:

Möller, Jens M.:
Goemantie in Mitteleuropa: Kraftlinien und Energiezentren
in Süddeutschland / Jens M. Möller. – 3. Aufl.
Braunschweig: Aurum, 1995
ISBN 3-591-08272-4

1. Auflage 1988
2. Auflage 1992
3. Auflage 1995
ISBN 3-591-08272-4
© Aurum Verlag GmbH, Braunschweig
Gesamtherstellung: Westermann Druck Zwickau GmbH

INHALT

Vorwort 9
Einführung: Schöpfungsgeschichte und Mythos . . 15

1 DAS WESEN DER GEOMANTIE 35
2 MYSTERIENORTE UND
   APOLLINISCHE KULTSTÄTTEN 50
3 KARLSRUHE – SPUREN VON
   ATLANTIS? 56
4 FRÜHZEITLICHE LICHTMESS-
   SYSTEME 100
5 GEOMANTIE DER OBERRHEINEBENE 109
6 DAS PENTAGRAMM VON
   KNIELINGEN 125
7 GEOMANTIE NÖRDLICH VON
   KARLSRUHE 132
8 GEOMANTIE SÜDLICH VON
   KARLSRUHE 148
9 STEINKREUZLINIEN UND
   ECK-STEINE 153
10 SÜDDEUTSCHE GEOMANTISCHE
    GROSSRAUMLINIEN 162
11 EUROPÄISCHE GEOMANTISCHE
    GROSSRAUMLINIEN 188
12 DIE GRALSLINIE UND DAS
    GEHEIMNIS VOM GRAL 196

ANHANG

Anmerkungen 207
Literaturhinweise 209
Quellenvermerke zu den Abbildungen 211

Europa –
Hüter der Flamme

VORWORT

Es ist wohl Alfred Watkins (1855–1935) zu verdanken, daß seine langjährigen und umfassenden Forschungen auf dem Gebiet der von ihm so genannten »ley-lines« in den ersten Jahrzehnten dieses Jahrhunderts nicht nur in England bekannt geworden sind, sondern weit darüber hinaus. Bei der Erforschung von Landschaftsstrukturen und geschichtlichen Gegebenheiten seiner englischen Heimat stieß Watkins dabei zunächst auf Gesetzmäßigkeiten und dann zunehmend auf Phänomene der Landschaftsstrukturierung, die seit Beginn der rationalistischen Aufklärung mehr und mehr in Vergessenheit geraten waren; sie stellen aber dennoch ein zentrales Thema menschlicher Siedlungs- und Entwicklungsgeschichte dar und reichen mit ihren Wurzeln tief in den Mythos des Werdeganges der Menschheit: Es sind die komplexen und vielschichtigen Phänomene der Geomantie.

Nigel Pennick nennt dieses interdisziplinäre Gebiet menschlicher Forschungszuwendung (*sinnvolle* Forschung ist immer auch Daseinshinterfragung) zu Recht eine uralte und ehrwürdige Wissenschaft, die dem Fragenden ein Wissen schafft (vermittelt), seine Einbindung in Natur, Umwelt und Kosmos als harmonisch und sinnvoll zu begreifen und danach zu leben; somit wird Wissenschaft auch Sinngebung.

Neben Nigel Pennick ist es seit einigen Jahren auch John Michell, welcher – der englischen Tradition des Alfred Watkins verpflichtet – bemüht ist, durch umfangreiche Veröffentlichungen die Wechselbeziehungen zwischen den uralten und vielschichtigen Zeugnissen der »heiligen Geschichte der Menschheit« aufzuzeigen, in der die mystische Geometrie von besonderen »Orten der Kraft« eine herausragende Bedeutung hat. Das gleichnamige Buch von Blanche Merz und die Veröffentlichungen der genannten Autoren Watkins, Pennick und Michell sind zwischenzeitlich zu Standardwerken einer geomantischen Forschung geworden, die sich allerdings weitgehend mit englischen geomantischen Studien und außereuropäischen Orten und Plätzen der Kraft beschäftigen, so beispielsweise mit Tibet, Mexiko, Gizeh oder der Hochebene der Anden.

Im Vorwort zu John Michells geradezu programmatischem Buch *Die Geomantie von Atlantis* wird völlig zu Recht darauf hingewiesen, daß es in den frühen dreißiger Jahren dieses Jahrhunderts ebenso umfangreiche und bedeutsame *deutsche* geomantische Studien gegeben hat, die vor allem von Wilhelm Teudt (Germanische Heiligtümer), Hermann Wirth und Dr. Josef Heinsch veröffentlicht wurden und die zu ähnlichen Ergebnissen kamen wie Watkins und sein »Straight Track Club« in England. Durch die zeitgeschichtlich bedingten Einbindungen von Heinsch und Wirth, vor allem aber durch das politische Engagement von Wilhelm Teudt für das »Ahnenerbe« der Nationalsozialisten, war und ist eine weiterführende eigenständige deutsche geomantische Forschung nach dem Zweiten Weltkrieg dem in Deutschland allgemein üblichen Tabu unterworfen.

Dieses Tabu lastet noch heute auf vielen wissenschaftlichen und kulturellen Leistungen der Jahre 1925–1945 und erschwert nachweislich eine vorurteilsfreie Auseinandersetzung damit. »Vielleicht«, schreibt Marco Bischof in seinem Vorwort zu John Michells *Geomantie von Atlantis,* »wird eines Tages ein Wiederaufleben der germanischen Astroarchäologie eine Neubewertung der ›Germanischen Heiligtümer‹ ohne Hysterie ermöglichen.«

Bei Literaturstudien zu geomantischen Themen fand ich zu meinem Erstaunen ein in Deutschland bisher nicht veröffentlichtes Buch in englischer Sprache von Nigel Pennick mit dem ungewöhnlichen Titel *Hitlers secret sciences,* in dem als Musterbeispiel geomantischer Machtstrukturen des vorigen Jahrhunderts der bekannte konzentrische Stadtplan der großherzoglichen Residenzstadt Karlsruhe aus dem Jahr 1822 abgebildet ist – jener immer noch geheimnisvollen »Sonnenstadt« in der Oberrheinebene mit der eigenartig-befremdlichen Pyramide auf dem Marktplatz, unter welcher der Stadtgründer Karl Wilhelm begraben liegt.

Beides – konzentrischer Stadtgrundriß und Pyramide – waren Ursache und Ausgangspunkt beispielhafter eigener geomantischer Studien in Karlsruhe, der Oberrheinebene von Basel bis Frankfurt und schließlich dem gesamten süddeutschen Raum mit zunehmend verblüffenden Erkenntnissen, nachvollziehbaren Belegen und noch heute auffindbaren Beweisen für eine vorgeschichtliche Landschaftsstrukturierung in einem ursprünglichen und zentralen mitteleuropäischen Siedlungsgebiet von einer geradezu unbegreiflichen Präzision und Vielschichtigkeit: Karlsruhe scheint bei seiner »Wiedergründung« am 17. Juni 1715 in einer vielfältigen, ebenso geomantisch nachvollziehbaren wie versteckt-esoterischen Weise – wissentlich und sorgfältig geplant – in die bereits vorhandenen uralten Landschaftsstrukturen aus vorgeschichtlicher Zeit hineingewoben zu sein; in ein ebenso dichtes wie feingewobenes Netz geomantischer Verbindungen zu Bergspitzen, uralten Kultplätzen, Quellen und »Orten der Kraft«, wie den heutigen Domen von Speyer, Worms und Mainz.

Neben dem Auffinden dieser geomantischen Einbindung Karlsruhes in die vorgeschichtlichen Siedlungsstrukturen der Landschaft konnten in deren Folge geomantische Verbindungen Karlsruhes zur gesamten Oberrheinebene im Zusammenhang mit der sogenannten »Lichtmeßtechnik« (z. B.

dem »Belchen-System« im Südschwarzwald) nachgewiesen werden. Erstaunlich war auch das Entdecken und Zuordnen geomantischer Großraumlinien und historischer Zusammenhänge wie der von mir so genannten »Nornenlinie des deutschen Volkes« (Aachen–Frankfurt–Würzburg–Nürnberg), der »Siegfried-Linie« oder der europäischen »Gralslinie« vom bretonischen Atlantik bis an die Grenzen des Ural. Auch das Nachvollziehen verschiedener – in der Fachliteratur durchaus bekannter – Cheopspyramiden-Konfigurationen in der Landschaft der Oberrheinebene, gebildet von vorgeschichtlichen Kultstätten nach geheimnisvollen und nicht mehr schlüssig enträtselbaren »Lichtmeß-Mustern«, sind ein erstaunlicher Beleg für die archetypischen Strukturen, mit denen noch heute unsere uralte Kulturlandschaft unsichtbar überzogen ist.

Die Spuren der etwa 5000 Jahre alten Megalithkulturen und ihrer genialen, bisher so wenig verstandenen Erbauer sind überall in Europa zu finden: In Stonehenge, Carnac, Malta und Korsika ebenso wie in der südlichen Oberrheinebene mit ihrem »Belchen-System«, in den Mysterienstätten der Externsteine bei Detmold und den Klusfelsen im Harz bei Goslar wie in der vielschichtigen Geomantie der mittleren Oberrheinebene um Karlsruhe; sie bezeugen noch heute ihre Existenz und erinnern an ein archaisches Wissen um kosmische und irdische Gesetzmäßigkeiten, das mit den Sonnen- und Jupitermysterien des untergegangenen Atlantis und seiner weit zurückreichenden Menschheitsepoche der Atlantiden versunken ist und nur schemenhaft herüberwirkt in eine tiefgreifend gewandelte, hochtechnisierte Menschheit, die sich nur noch vage ihrer eigenen Vergangenheit und geistigen Herkunft erinnert.

Damit wird deutlich, daß die Beschäftigung mit der Geomantie nicht wissenschaftlicher Selbstzweck oder kulturhistorischer Ästhetizismus sein kann – sie hat einen pragmatischen und lebensnahen Auftrag an uns alle: Sie zeigt uns die

»heilige Geschichte der Menschheit« (Nigel Pennick) ebenso eindringlich und letztlich unübersehbar auf wie die unumstößlichen, ewig gültigen Gesetzmäßigkeiten der »heiligen Mutter Erde« (John Michell), die es zu ehren und einzuhalten gilt, wollen der einzelne und die gesamte Menschheit sich nicht der Gefahr aussetzen, wurzellos und ohne naturgegebene Bindungen ein sinnentleertes Dasein zu führen, das nur noch zur Entfremdung und Selbstzerstörung führen kann.

Unsere Vorfahren verehrten noch Fluß und Quelle, Fels und Hain nicht als Gottheiten an sich, wie es sich spätere Theisten sich vorstellten, sondern als innewohnende Ursprünge der Geister der Erde. Das Land war für sie ein ehrfurchtgebietendes Ganzes, in das wir uns auf unsere Gefahr einmischen; dieses haben uns moderne Ökologen wieder zu Bewußtsein gebracht, und wir können nur hoffen, daß die Mahnungen verstanden werden, bevor wir den Punkt, an dem es keine Umkehr mehr gibt, erreicht haben. In der Einführung seines eindrucksvollen Standardwerkes *Die alte Wissenschaft der Geomantie – Der Mensch im Einklang mit der Erde* schreibt Nigel Pennick hierzu: »In der Neuzeit haben die Menschen die innige Verbindung mit der Erde verloren. Die meisten würden dazu neigen, die Vorstellung von der Harmonie mit der natürlichen Umwelt als unnötig esoterisch abzulehnen; eine derartige Vorstellung ist mit der Philosophie der Herrschaft über die natürliche Welt, wie sie der modernen technischen Zivilisation innewohnt, offensichtlich unvereinbar.« John Michell vertritt in diesem Zusammenhang die zukunftsweisende Vision, daß die Geomantie eine besonders wichtige Rolle in einer kommenden »kosmologischen Reform«, einer Rekonstruktion der alten Wissenschaft von den Elementen und der dadurch möglichen Heilung der Erde, spielen könnte.

Besonders eindringlich und einprägsam formuliert György Doczi in seinem Buch *Die Kraft der Grenzen* die Gefahren einer metaphysischen und geomantischen Bindungslosigkeit des modernen Menschen, der offensichtlich sein naturbezogenes Maß verloren hat: »Unser Zeitalter ist nicht nur durch den Triumph der Technik geprägt, sondern gleichermaßen durch Angst und Verzweiflung. Die traditionellen sozialen und religiösen Werte haben sich in einer Weise als unstabil erwiesen, daß das Leben jeden Sinn verloren zu haben scheint. Warum spielt die Harmonie, die in der Natur so deutlich zu Tage tritt, nicht auch in unserem gesellschaftlichen Leben eine wesentlichere Rolle? Vielleicht, weil wir so fasziniert von unserer Macht, der Macht des Erfindens und Vollbringens sind, daß wir die Kraft der Grenzen aus den Augen verloren haben. Aber nun sehen wir uns plötzlich gezwungen, die Ausbeutung unserer zu Ende gehenden Bodenschätze und den Bevölkerungszuwachs in manchen Teilen der Erde zu limitieren und auch der immer maßloseren Macht von Staat, Großkapital und Gewerkschaft angemessene Grenzen zu setzen. Wir müssen wieder lernen, Maß zu halten und die richtigen Proportionen zu finden.«

Michaeli 1988

EINFÜHRUNG
Schöpfungsgeschichte und Mythos

>»Es gibt keinen Rauch ohne Feuer –
>keinen Mythos ohne Geschichte.«
>
>*Dmitri Sergejewitsch Mereschkowski*[1]

Noch immer klingt – selbst durch alles Dröhnen einer rastlosen Zeit – wie ein leiser Zauber ein Mythos aus fernen Zeiten an unser aufmerksam lauschendes Ohr – der Mythos von Atlantis und der Morgendämmerung der Menschheitsentwicklung. Die modernen Industriegesellschaften des 20. Jahrhunderts verdrängen in geradezu erschreckender und bedrohlicher Weise unabdingbare Wurzeln jeglichen Menschseins: zum einen die unabänderliche Realität des individuellen Todes und des damit verbundenen stetigen und auch notwendigen Wandels des Lebens und seiner Erscheinungsformen, zum anderen die für die zunehmend sinnentleerte Gegenwart und das schwindende persönliche und gemeinschaftliche Selbstwertgefühl notwendige Frage nach der historischen und metaphysischen Herkunft der Menschheit; insbesondere dieser Form der Fragestellung wird in hochtechnisierten und angeblich zivilisierten Gesellschaften wenig oder keine Bedeutung beigemessen.

Zum besseren Verständnis der Geomantie ist es nötig, einführend Fragen der Schöpfungsgeschichte und Menschheitsentwicklung zu erörtern, denn die Entstehung und Entwicklung der Menschheit und ihrer verschiedenen Kulturen ist mit der Gestaltung und Deutung der Erde – der Geomantie – seit jeher unlösbar verknüpft. Daher erscheint es notwendig, vor jeder weitergehenden Erörterung derartiger komplexer und vielschichtiger Probleme die immer wieder zentrale und entscheidende Frage zu stellen, wie Günther Wachsmuth sie in *Werdegang der Menschheit*[2] formuliert: »Am Ausgangspunkt jeder Betrachtung der Menschheitsgeschichte muß die Frage stehen: Ist das Geistwesen des Menschen ein Produkt der leiblichen Entwicklung, oder ist die leibliche Organisation eine Erscheinungsform, die ihr Werden aus geistiger Schöpfung und übersinnlichen Gesetzmäßigkeiten offenbart? Es ist nicht wahr, daß wir darüber nichts wissen können. Denn wie der jetzige Mensch, als

Abb. 1 Die Externsteine bei Horn/Detmond; Fels IV-Ost, Teilansicht »Der Rufer«. Deutlich erkennbar sind ein nach links und ein nach oben blickendes Gesicht.

Ganzheit betrachtet, in unzähligen Phänomenen den Einfluß seiner übersinnlichen, geistig-seelischen Organisation auf die physiologischen Prozesse erkennen läßt, so trägt auch die Menschheitsgeschichte die Signatur einer geistigen Führung und zeigt, wie geistige Impulse immer dann ausschlaggebend waren, wenn neue Phasen der Evolution inauguriert wurden, wie die Wandlung geistig-seelischer Bewußtseinsstadien und Fähigkeiten sich bis in die leiblichen Funktionen hinein ausprägte.«

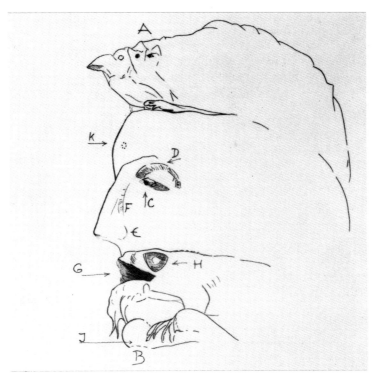

Abb. 2 Strichzeichnung zur Hervorhebung der Gesichtszüge in Abb. 1 nach E. Neumann-Gundrum, in: *Europas Kultur der Groß-Skulpturen*. Der Buchstabe K bezeichnet das Stirn-Chakra.

Diese Feststellung gilt in besonders zutreffender Weise für Struktur und Funktion und damit für die Erscheinungsformen des menschlichen Körpers; in ähnlicher Weise mag es aber auch für den »Körper« »der heiligen Mutter Erde« Gültigkeit gehabt haben, der im Laufe einer erdgeschichtlichen Evolution wechselvollen kosmischen und terrestrischen Wandlungsprozessen unterworfen war. Dabei erfuhr er eine fortwährende plastische Umgestaltung, in die in einer sehr frühen Phase der Verfestigung auch noch der Mensch mit Hilfe seiner intuitiven Beherrschung der Naturgesetze eingreifen konnte (siehe Felsbilder Externsteine bei Detmold; Abb. 1,2 und 3).

An dieser Stelle ist es notwendig, kurz auf die vielfältigen sogenannten Geheimlehren einzugehen, die ihre Wurzeln in östlichen und auch westlichen Mythen, Mysterien und Überlieferungen sowie einen gemeinsamen Ursprung in jenen frühen Menschheitsepochen haben: Nur mit Hilfe derartiger esoterischer bzw. geisteswissenschaftlicher Denkansätze ist eine komplexe und damit weitgehend objektive sowie den wirklichen Gegebenheiten nahekommende Interpretation der Menschheitsentwicklung – neben naturwissenschaftlichen Denkansätzen – möglich und zufriedenstellend; Theosophie und die abendländischem Verständnis entgegenkommende Anthroposophie mögen hierfür als Beispiel gelten.

Die Verkörperung (Inkarnation) menschlicher Wesenheiten ist danach eine fortschreitende Involution, ein Einschließen einer Geist-Seelen-Entität in irdisch-körperliche Zustände, die im Laufe einer an die Erde gebundenen Menschheitsentwicklung zu einer fortwährenden Umwandlung in immer festere Zustände geführt hat (»Wurzelrassen«).

Günther Wachsmuth versucht, in seinem o.e. Buch ein für uns alle verständliches Bild zu entwerfen, wie sich der »Werdegang der Menschheit«, ihre Eigengeschichte im Zusam-

Abb. 3 Die Externsteine bei Horn/Detmold; Felsbild »Hangatyr« (Hängegott) oder auch Odin, Prometheus, der gekreuzigte Christus. Höhe der Felsfigur ca. 20 Meter, Alter der Felsformation etwa 200 000 Jahre. Der Mythos vom gekreuzigten Gottessohn besteht seit Anbeginn der Menschheit und ist unvergänglich. – Jesus von Nazareth ist die Verkörperung des göttlichen (männlich-solaren) Prinzips in der neueren, uns überschaubaren Geschichte; der Sohn Gottes wird nach der Vorstellung esoterischer Lehren im beginnenden »Wassermann-Zeitalter« zum »Kosmischen Christus«; damit wird sich auch eine Bewußtseinswandlung der Menschen vollziehen.

menhang mit jener Evolution des Erdganzen und des Kosmos, vollzogen haben könnte, wobei – entgegen der üblichen Geschichtsforschung und Beschreibung – die Urgeschichte und die frühe Geschichte bis zu den Völkerwanderungen im 4. Jahrhundert nach Christi Geburt in den Vordergrund treten und ausführlich erörtert werden. Zu ersten Epochen der Verkörperung des Menschen führt Wachsmuth aus:

»Das Werden des Menschen beginnt nicht mit jenen Epochen der Erdgeschichte, aus denen uns Knochenfunde erhalten sind. Menschheitsgeschichte ist nicht Knochengeschichte. Die erstere läßt uns zurückschauen in Epochen, die noch nicht einen derartigen Verdichtungszustand aufwiesen. Die Verkörperung des Menschenwesens vollzog sich in Stufen, deren unterste erst zur Ausbildung einer Leiblichkeit führte, in der sich eine so verdichtete Knochensubstanz einfügte, daß wir deren Relikte heute noch in den mineralisierten Erdschichten vorfinden können. Die Paläontologie kann daher über die vorangehenden Phasen nichts aussagen, was jedoch nicht heißt, daß wir den Werdeprozeß des Menschen erst als in dem relativ späten Stadium beginnend betrachten dürfen, wo die Verknöcherung einsetzte.«

Bei einer derartigen Interpretation der Urgeschichte der Menschheit, die sehr viel schlüssiger viele bisher noch offene Fragen der Menschheitsentwicklung beantworten kann, als es die etablierte Anthropologie und Geschichtswissenschaft tun, wird zunehmend erahnbar und sogar verständlich, daß es in unvorstellbar fernen Zeiten tatsächlich Götter und Helden, Riesen und Zwerge, Natur- und Erdgeister gab, die maßgeblich das frühe Bild der Erde mitgestaltet haben und von denen heute nur noch die Mythen, Legenden und Märchen berichten, die nur den Kindern noch zugänglich sind; die Älteren erinnern sich zaghaft und verschwommen, manchmal in tiefen Träumen, an längst vergangene Bewußtseinszustände, die uns allen gemeinsam sind.

Nur so auch wird verständlich und vorstellbar, daß erste Menschheitsepochen ein völlig anderes Verhältnis zu der sie umgebenden Natur, ihren Gesetzmäßigkeiten und den ihr innewohnenden Kräften hatten, zumal die geophysikalischen Zustände der Erde und der Atmosphäre von den heutigen Gegebenheiten erheblich abweichen; dies erklärt eine direkte Einflußnahme der damaligen Menschen auf die Gestalt der Landschaft, der Berge und der Wasserströme. Spuren dieser frühen Einflußnahme können noch heute gefunden werden; sie lassen die titanischen Kräfte erahnen, die Berge, Land und Wasserläufe veränderten, um einer kosmisch-harmonikalen Ordnung und Verehrung Ausdruck zu verleihen: in den nachvollziehbar strukturierten Gesteinsformationen der Externsteine mit ihren noch heute erkennbaren Gesichtszügen früher Göttergestalten sowie anderer steinerner Großskulpturen von deutschen Mittelgebirgen bis zu den Hochgebirgsplateaus der Anden, der Tafelgebirge Australiens bis zu jenen sonderbaren steinernen

Abb. 4 Moai-Köpfe an der Außenseite des Kraters Rano Raraku auf den Osterinseln/Polynesien. Die aus dunklem Tuffstein gearbeiteten Monolithe sind bis zu 10 m hoch und haben ein Gewicht von etwa 80 t, einzelne sogar bis 300 t.

Großkopfgestalten (bis zu 15 m hoch) der fernen Osterinseln, denen allen jener uns heute befremdende »atlantoide« Gesichtsausdruck gemeinsam ist. Nur so auch wird der Bau megalithischer Monumente von Stonehenge bis Carnac und Malta verständlich, deren Baumeister noch um die Beherrschung von Naturkräften wußten, die uns heute verlorengegangen ist; dies gilt offensichtlich auch für die weltweit errichteten Pyramiden mit ihren astronomischen und gleichermaßen rituellen oder religiösen Ausrichtungen bzw. Zweckbestimmungen, die einander entsprachen und Ausdruck göttlich-kosmischer Verehrung waren (Abb. 10 und 11).

Abb. 5 Typische Moai-Figur mit »Hut«; diese auch »Langohren« genannten Figuren stehen einzeln oder in Reihen auf sogenannten Ahus (Altären) rund um die Insel.

Stonehenge und die Externsteine, die Pyramiden von Gizeh, Mexiko und Südamerika, die Menhire und Dolmen von Irland, Carnac, Malta und auch Süddeutschland sind steinerne Zeugen verschieden früher Menschheitsepochen, denen eines gemeinsam war: die Verehrung der Natur, des Kosmos mit seinen Gestirnen sowie früher Gottheiten, Götter oder Helden, denen diese Kult- und Mysterienstätten geweiht waren. Es ist vorstellbar, daß diese geweihten und heiligen Stätten nach uns heute nicht mehr erkennbaren Gesetzmäßigkeiten miteinander in Verbindung standen, bewußt oder intuitiv geplant und durchgeführt über riesige

Abb. 6 Statuen-Menhir »Xrestos« bei Filitosa/ Korsika. Die edel aus Stein geschaffenen Gesichtszüge zeugen von einer hohen verinnerlichten Kultur der Priesterkaste.

Distanzen nach den korrespondierenden Gesetzmäßigkeiten des Kosmos und seiner Gestirne, den Kräften der Erde und denen des sichtbaren und unsichtbaren Wassers: Die Mysterienstätten früher Menschheitsepochen im polaren und damit harmonikalen Spannungsfeld solarer und tellurischer Kräfte.

Nach den Geheimlehren waren die ersten und frühen Menschheitsepochen die sogenannten »Wurzelrassen«, wobei hier der Begriff »Rasse« jeweils einer Menschheitsepoche bzw. Menschheitsentwicklung zuzuordnen ist; Rassen im heute gebräuchlichen Sinne traten erst später in der atlantischen Zeit auf.

Entsprechend der Mineralisation und Verfestigung der Erde treten im untrennbaren Zusammenhang damit folgende Menschheits-»Wurzelrassen« auf, deren Erscheinungsformen und Bewußtseinszustände denen der Erdzustände weitgehend angepaßt sind; eine endgültige körperhafte Verfestigung mit einsetzender Mineralisation des Knochengerüstes setzt nach den Geheimlehren erst auf der Stufe der Atlantiden ein.

Derartige geisteswissenschaftliche Hypothesen und Theorien der Menschheitsentstehung können hier nicht Gegenstand ausführlicher Erörterung und Betrachtung sein; sie sollen als sehr geeignete Denk- und Erklärungsmodelle in diesem Zusammenhang lediglich der Untermauerung geomantischer Gegebenheiten dienen. Eine umfangreiche Literatur hierzu sollte – vor allem in bezug auf die Zuordnung der Erdzeitalter – aufmerksam gelesen und verglichen werden; eine im üblichen (natur-)wissenschaftlichen Sinne schematische Zuordnung ist wenig zufriedenstellend und letztlich in dieser Hinsicht auch wenig geeignet – subjektive Wahrheiten als Widerspiegelung der Wirklichkeit können besser intuitiv und dabei sehr komplex erfaßt werden.

Spuren des in mehreren erdgeschichtlichen Stufen untergegangenen Kontinents Atlantis – die letzten Reste versanken vor etwa 10 000 Jahren, also um 8 000 vor Christi Geburt – finden ihren Ausdruck in der Besiedelung Europas und Nordafrikas, vor allem in den Küstenregionen Nord- und Westeuropas; die dort gegründeten nachatlantischen Kult- und Mysterienstätten begründen den heutigen Mythos von Atlantis, wie er in vielen dieser Länder noch heute fortlebt und seinen wohl bekanntesten – und oft mißverstandenen – Ausdruck in den Schriften Platons findet. Die Jupiter-Mysterien von Atlantis sind Ausgangspunkt des später

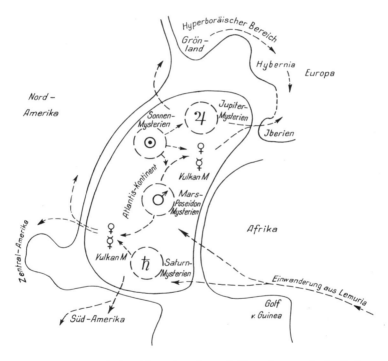

Abb. 7   Die atlantischen Mysterienstätten als Ursprünge nachatlantischer Besiedelung Europas und Amerikas. Der ursprüngliche Atlantis-Kontinent weckt in dieser Abbildungsform assoziativ die Vorstellung von einer Schwangeren, neues Leben hervorbringend.

durch Nachkommen der Atlanter besiedelten nordeuropäischen Raumes, den die Griechen Hyperborea nannten – von Grönland über Hybernia (Siedlungsgebiet der Kelten und Germanen) bis auf die iberische Halbinsel (Spanien/Basken) (siehe Abb. 7,8 und 9).

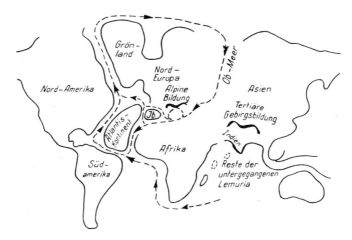

Abb. 8 Die Kontinente in einer frühen atlantischen Phase (Tertiär). Grönland, Nordeuropa und Teile Nordafrikas werden vom entstehenden Golfstrom umspült.

Die noch heute nachvollziehbaren Spuren geomantischer Strukturen über ganz Europa mögen in ihren Anfängen und ihrer ursprünglichen Bedeutung und Zuordnung in die vorsintflutliche Epoche der Jupiter-Mysterien von Atlantis weisen, ebenso in die nachsintflutliche Zeit des wieder neu besiedelten Westeuropas mit seinem entstehenden Rassen- und Völkergemisch blauäugiger, hellhäutiger Nachfahren der Hyperboreer und dunkelhäutiger mediterraner Völker.

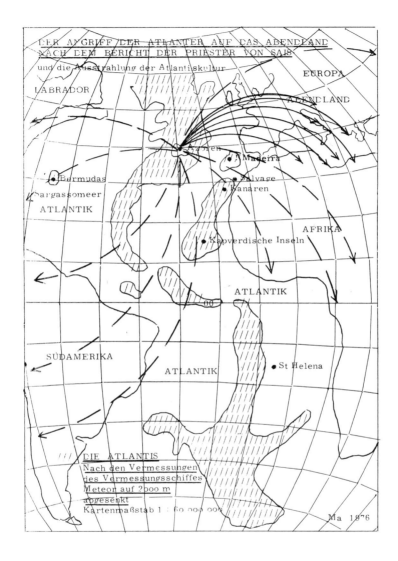

Abb. 9 Die Ausbreitung der Atlantiskultur auf Europa und Teile Amerikas nach dem Bericht der Priester von Sais; das Zentrum entspricht den heutigen Azoren-Inseln.

Die apollinischen und dionysischen Mysterien Griechenlands, Eleusis (s. später Alesia) und ihre Feste vereinigen die beiden Komponenten der nördlichen und südlichen Menschheitsströmung in einer Einheit, welche das Mysterienwesen noch einmal zu einem Höhepunkt führt und auf das gesamte nordeuropäische Geistesleben und soziale Gestalten eine tiefgreifende Wirkung ausübt.

Diese apollinischen Mysterienstätten mit ihren zentralen kultischen *Omphaloi* sind gleichermaßen »Orte der Kraft« wie die megalithischen Steinreihen und Menhire von Carnac, Stonehenge und die Externsteine; die Hügel und Berge, auf denen heute dem Heiligen Michael geweihte Kirchen und Kapellen stehen (siehe Abb. 12), sowie viele andere bedeutende »starke Plätze«, die alle in einer unbegreiflichen Gesetzmäßigkeit miteinander in Verbindung stehen – Orte und Linien der Kraft, Akupunkturpunkten und Meridianen der Erde vergleichbar.

Abb. 10 Rekonstruktion der Anlage von Stonehenge nach Vollendung der Bauphase IIIc (etwa 2'000 v. Chr. zu Anfang der Frühbronzezeit). (Vgl. Kreisform mit Avebury, Fizurabad und Karlsruhe bzw. Rüppurr; s. Abb. 105 u. 106).

Entstammt das immer noch geheimnisvolle Volk der Kelten dieser Zeit früheuropäischer Geschichte, in der die Erinnerung und das geheime Wissen um die alten atlantischen Mysterien noch existierten, behütet und bewahrt in Druidenschulen und geheimen Bünden, aus denen später die Bauhütten mit ihrem Wissen um kosmische Zusammenhänge hervorgingen?

Zusammenfassend kann festgestellt werden: Eine Mitgestaltung der Erde nach kosmisch-harmonikalen Aspekten geschah in frühen atlantischen Menschheitsepochen an Orten besonderer solarer und tellurischer Einströmungen; die Festlegung und Zuordnung dieser Orte nach geomantischen Gesichtspunkten erfolgte mit einer für neuzeitliche Vorstel-

Abb. 11 Stonehenge als Stätte elementarer Kräfteverdichtung und -Entladung (Zeichnung von J. M. W. Turner, England, 1820–30). Der verborgene Mechanismus (hinter seiner magnetischen Anziehung) läßt sich durch energetische Diagramme darstellen.

Abb. 12 Mont St. Michel in der Normandie/Nordfrankreich. Die Michaels-Kapelle hoch über dem Meer wurde im 11. Jahrhundert auf einem uralten »Ort der Kraft« errichtet wie viele ähnliche Bauwerke in ganz Europa.

lungen unbegreifbaren Harmonie und Vollkommenheit. Zeugnisse einer derartigen Beeinflussung der Erde lassen sich noch heute finden in Gestalt monumentaler Felsbilder und Skulpturen, riesiger megalithischer Sakralbauten und Anlagen bzw. deren nachvollziehbarer Festlegung mit Hilfe großer Menhire und Dolmen (siehe Abb. 13).

Schwierigkeiten der heutigen Zuordnung und Sinndeutung ergeben sich durch das mühsame Nachvollziehen unterschiedlicher Systeme aus verschiedenen Menschheitsepochen, die langsam voranschreitende Präzession und damit erfolgte Verschiebung von Sonnenlicht-Winkelfunktionen

Abb. 13 Menhir »Le géant« nördlich von Manio/Bretagne. Das bis heute gut erkennbare Gesicht zeigt die Richtung des Monolithen an.

Abb. 14 Titelblattgestaltung zur Thematik *Geomantie* aus der Zeitschrift *Grüner Zweig*, Löhrbach 1988.

an festen Tagen (Lichtmeßtagen), nachweisbar erfolgte Polsprünge und Verschiebungen während langer erdgeschichtlicher Epochen sowie möglicherweise erfolgte kosmische und terrestrische Katastrophen. Erschwerend hinzu kommt schließlich in der jüngeren Geschichte die wissentlich gezielt und unbewußt erfolgte Beseitigung geomantischer prähistorischer Spuren durch Kriegseinwirkungen, siedlungsgeschichtlich bedingte Eingriffe in die Landschaft (Stauseen, Sprengungen usw.) und die großflächige Zersiedelung bedeutsamer Kulturlandschaften in neuester Zeit.

1
DAS WESEN DER GEOMANTIE

»Zeit ist zyklisch und nicht geradlinig,
Schöpfung ein kontinuierlicher Vorgang.
Die geistigen Kräfte, die Grundlage dieser Schöpfung,
sind allgegenwärtig und ewig.«

John Michell[3]

Über das Wesen der Geomantie schreibt John Michell in seinem grundlegenden Werk *Die vergessene Kraft der Erde:* »Vor dem Anbruch der Zivilisation fungierte die Erde als einzige, allumfassende Gottheit. Nicht ihr materieller Aspekt wird verehrt, sondern ihr Geist, der sie ja erst – so wenigstens laut den alten Philosophen – zu einem lebendigen Wesen macht. Die Erde ist ein weibliches Wesen, denn sie empfängt die Kraft der Sonne, welche sie belebt und befruchtet. Der physische Körper der Erde ist wie der menschliche Körper Veränderungen ausgesetzt und vergänglich, aber ihr Geist ist unwandelbar; deswegen ist die Wesensart dieses Himmelskörpers auch spiritueller Natur. Porphyrios, ein griechischer Philosoph, meint zu recht, die physische Erde sei eigentlich nur ein Symbol ihres wirklichen Wesens. Diese uralte Anschauung, welche sich aus prähistorischen Zeiten ins Mittelalter hinüber gerettet hatte, wird von dem Alchemisten Basilius Valentinus so formuliert: ›Die Erde ist kein toter Körper, sie wird vielmehr von einem Geist, der ihr Leben und ganzes Wesen ausmacht, beseelt.‹ Sämtliche erschaffenen Dinge einschließlich der Mineralien erlangen ihre Stärke aus diesem Geist der Erde. Dieser Geist ist Leben, er wird von den Gestirnen gestärkt und nährt wiederum seinerseits all diejenigen Lebewesen, welche er schützend in seinem Inneren birgt. Mittels dieser kosmischen geistigen Kraft wachsen im Leib der Mutter

Erde die Mineralien heran wie ein Ungeborenes im Mutterleib« (siehe Abb. 15).

Die Erde ist ihrer Entstehung nach also eine geistbeseelte Wesenheit, die Kraftlinien ihres Körpers stehen in Wechselwirkungen zu den sie umgebenden Planeten, insbesondere der Sonne und des Mondes. »Der Geist der Erde«, fährt John Michell fort, »wird in der neuzeitlichen religiösen Symbolik – ganz entsprechend dem Erfahrungsschatz der frühen Menschheit – in vielen verschiedenen Erscheinungsformen wirksam. Diese Erscheinungsformen werden durch einen Faktor bestimmt, durch das jeweilige Verhältnis zwischen dem rezeptiven ›weiblichen‹ Geist und seinem polaren Gegenteil, der positiven ›männlichen‹ Kraft der Sonne. Bei den ältesten uns bekannten Standbildern handelt es sich um abstoßend wirkende Darstellungen der schwangeren Erdgöttin, meist in hockender Stellung – abstoßend jedenfalls für das ästhetisch empfindsame Auge, dem diese Abbildungen jedoch nicht zugedacht waren. Sie dienten einem weitaus praktischeren Zweck. Oft findet man sie in Höhlen oder unterirdischen Schreinen (vgl. die Lurdes-Grotte zwischen Büchelberg und Hagenbach in der Pfalz). Ganz offensichtlich symbolisieren sie die ›Umstände‹, die sich für die Erdgöttin nach ihrer Vereinigung mit dem Gott des Himmels einstellen. Andere Darstellungsformen der Erdgöttin, wie z. B. als Jungfrau, Braut, Hausmutter oder häßliche Alte, stehen mit den vier Jahreszeiten in Übereinstimmung, somit letztlich auch mit ihrer jeweiligen kosmischen Konstellation. Die negative Tendenz zum Rückzug und Abstieg in die dunklen Schlupfwinkel der Erde ist für den Geist der Erde charakteristisch, was sich auch aus seiner weiblichen Natur heraus erklären läßt. Die vorherrschende positive Tendenz jedoch manifestiert sich andererseits in einer sich ausbreitenden, alles belebenden Kraft. Es gibt also in der Natur zwei entgegengesetzte, sich jedoch einander vervollständigende Prinzipien, das der Kontraktion und Expansion (Zusam-

Hier sind abgebildet
die verborgenen Schätze der Erde;
und wie die Sterne, der Himmel
eingeschlossen sind, tief in den Gebirgen.

Die Erde enthält
ihre eignen Planeten
denen die Elemente
ihre Qualitäten und Kräfte verleihen.

Wenn du überlegst, wer sie sind
mußt du sie näher betrachten,
all diese Metalle.
Der Himmel wird dir helfen, zu verstehen.

Abb. 15 »Die sieben Metalle« von J. D. Mylius in: *Philisophia Reformata*, 1622. Planeten-Alchemie, Astrologie und Geomantie waren in China ursprünglich in einem System vereint gewesen: Darstellung der Übereinstimmungen zwischen Planeteneinflüssen und den Geistern der Erdmetalle: Jupiter (Zinn), Mars (Eisen), Saturn (Blei), Merkur (Quecksilber), Mond (Silber), Sonne (Gold) und Venus (Kupfer).

menziehung und Ausdehnung) – oder, in der Sprache der chinesischen Metaphysiker ausgedrückt, als Yin und Yang. Durch das Wechselspiel dieser beiden Prinzipien werden sowohl das Gleichgewicht des Universums gewahrt als auch die Lebenskreisläufe in alle Ewigkeit fortgesetzt.«[4]

Seit etwa zehn Jahren erlangt ein umfassendes und tiefgreifendes Gebiet menschlicher Siedlungs- und Kulturgeschichte, das in früheren Jahrhunderten und Jahrtausenden global und bei vielen Völkern eine wesentliche Rolle im weltlichen und metaphysischen Bewußtsein des täglichen Lebens gespielt hatte und erst durch eine technologisch »zivilisierte« Gesellschaft fast in Vergessenheit geraten ist, zunehmend Bedeutung und Resonanz: die Geomantie. Ist die Geologie die wissenschaftliche Lehre von der Erde (griechisch: *gaia*) und ihren mechanischen, nachvollziehbaren Gegebenheiten, so ist die Geomantie die ganzheitlich bewußtseinsmäßige, fühlend-intuitive Zuwendung zur Erde und ihren anhand sichtbarer Erscheinungsformen erkennbaren Gesetzmäßigkeiten. Diese waren bereits in sehr frühen Kulturepochen gleichermaßen Gegenstand priesterlicher und wissenschaftlicher Betrachtungen und Interpretationen, die ihren sichtbaren Ausdruck in Kult- und Weihestätten, Wohnorten und irdisch-kosmischen Riten fanden. Mysterienschulen, Geheimorden unterschiedlicher Prägung und mittelalterliche Bauhütten gaben das verborgene Wissen um »Orte der Kraft«[5] und Kraftlinien der Erde – lebenserhaltenden Adern vergleichbar –, durch die Jahrtausende sorgsam gehütet, weiter; war doch die Kenntnis dieser Geheimnisse in einer hierarchisch-aristokratisch strukturierten Gesellschaft nicht nur mit der harmonikalen Gestaltung von Landschaft und Gebäuden, sondern auch mit der Beeinflussung und Kontrolle des gesamten Staatswesens verbunden. Noch heute gibt es für eine derartige Weltsicht früherer Menschheitsepochen unübersehbare Beweise und steinerne

Zeugnisse einer einstmals blühenden und hochentwickelten globalen Kultur, auf die in späteren Kapiteln eingegangen werden soll.

Diese jahrtausendealte Tradition lebt bis heute in den asiatischen Kulturen fort, vor allem aber in der chinesischen Überlieferung des *Feng Shui*, was wörtlich übersetzt »Wind und Wasser« bedeutet; dort werden noch heute derartige Kraftströme *Drachenadern* genannt, die es als Lebensströme des Körpers Erde zu ehren und zu achten gilt. Aus der Notwendigkeit eines seßhaften Lebensstils heraus wurden diese Kenntnisse dann in Form einer wissenschaftlichen und zugleich magischen Lehre – der Geomantie – festgelegt und kodifiziert. Sie scheint einst über die ganze Welt verbreitet gewesen zu sein und erhebt den Anspruch einer ewigen und universellen Gültigkeit. Sicherlich gebührt der Geomantie eine weitaus ernsthaftere Beachtung, als ihr bisher von westlichen Gelehrten und Forschern entgegengebracht worden ist.

Die uralte, einst weltweit verbreitete Wissenschaft von der Landschaft (*Feng-Shui*) kann dabei nur in Verbindung mit der geschilderten traditionellen Weltanschauung existieren, der zufolge die Erde ein lebendiges Ganzes darstellt, das von einer geistigen Kraft beseelt wird. Für die Geister der Verstorbenen bildet diese geistige Kraft die natürliche Umwelt, und mit der spirituellen Natur des Menschen steht sie in enger Verbindung. Der Erdgeist pulsiert, ähnlich den Energieströmen im menschlichen Körper, in Kanälen oder Adern durch die Erdoberfläche. Deshalb besteht auch eine natürliche Verwandtschaft zwischen den Energieströmungen von Mensch und Erde, die es dem Menschen ermöglicht, die Gegenwart und örtliche Beschaffenheit des Erdgeistes zu erahnen, menschliche Eigenarten intuitiv mit dem Erdgeist in Harmonie zu bringen und schließlich sogar mit Hilfe von Wille und Einbildungskraft die Flußstärke des Erdgeistes zu beeinflussen.

Soll Geomantie praktische Anwendung finden, so muß sie sich auf eine verbreitete und allgemein verbindliche Kosmologie stützen können, die auf dem Konzept eines organischen, sich im Gleichgewicht befindlichen Universums aufbaut. Während langer Zeiträume menschlicher Geschichte galt eine solche Kosmologie als anerkannte Lehrmeinung und allgemein akzeptierte Lebenspraxis; erst in der neueren Geschichte wurde diese Überlieferung ersetzt durch die moderne Evolutionstheorie eines sich ausdehnenden Weltalls.

Feng-Shui ist einmal so definiert worden: »Es ist die Kunst, die Wohnstätten der Lebenden und Verstorbenen so zu gestalten, daß sie mit den örtlichen Strömungen zusammenarbeiten und harmonieren.« Josef Needham gibt in seinem Buch *Wissenschaft und Zivilisation in China* einen genauen Bericht über die Funktionsweise des *Feng-Shui*: »Jeder Ort besaß seine ganz spezifischen topographischen Eigenheiten, die den örtlichen Einfluß der verschiedenen ›Chi-Lebenskräfte‹ der Natur abänderten. Am bedeutendsten waren dabei Hügelformen und der Richtungsverlauf von Wasserläufen; sie alle waren den formenden Kräften von Wind und Wasser ausgesetzt. Darüber hinaus wurden Höhe und Form von Gebäuden sowie die Orientierung von Straßen und Brücken als mächtige Faktoren angesehen. Durch die stündliche Verschiebung in den Positionen der Himmelskörper wurden auch Stärke und Art der unsichtbaren Erdströmungen verändert; deswegen mußten auch die von der jeweiligen Örtlichkeit aus sichtbaren Aspekte der Himmelskörper in Rechnung gestellt werden. Die Standortwahl war von äußerster Wichtigkeit, eine schlechte Lage war jedoch keineswegs unheilbar. Um den Zustand des *Feng-Shui* zu ändern, brauchte man nur Gräben und Tunnel anzulegen oder konnte auch andere Maßnahmen ergreifen«[6] (siehe Abb. 16).

Noch in unseren Tagen werden selbst im hochtechnisierten Hongkong Privathäuser, Banken, Versicherungen und öffentliche Gebäude nach den ungeschriebenen Gesetzen des *Feng-Shui* ausgerichtet, um den Drachen nicht zu stören – merkantilistisch verfremdetes Relikt eines magischen Zaubers aus vergangenen Zeiten, der anscheinend seine einstige Bedeutung verloren hat, weil die moderne Technologie dies glauben macht?

Abb. 16 Ausdruck geomantischer Landschaftsgestaltung im Sinne des *Feng-Shui:* Der Kaiserliche Reisepalast von Hoo-Kew-Chan, nach einer Skizze von Thomas Allom, China Illustrated, 1840.

In der Einführung seines Buches *Die alte Wissenschaft der Geomantie – der Mensch im Einklang mit der Erde*, das zu den Standardwerken der Geomantie gehört, schreibt Nigel Pennick über das Wesen der Geomantie: »In der Neuzeit haben die Menschen ihre innige Verbindung mit der Erde verloren. Die meisten würden dazu neigen, die Vorstellung von der Harmonie mit der natürlichen Umwelt als unnötig esoterisch abzulehnen; eine derartige Vorstellung ist mit der Philosophie der Herrschaft über die natürliche Welt, wie sie der modernen technischen Zivilisation innewohnt, offensichtlich unvereinbar. Jedoch war die Praxis der Geomantie, die – vereinfacht ausgedrückt – als die Wissenschaft von der Harmonisierung von Wohnort und Tätigkeit des Menschen mit der sichtbaren und unsichtbaren Umwelt definiert werden kann, einstmals universal, und Überbleibsel dieser uralten Kultur finden sich noch heute in den Landschaften, in der Architektur, den Riten und dem Brauchtum von fast allen Ländern der Erde. Diese bemerkenswerte Fülle von Entsprechungen zwischen verschiedenen Kulturen wurde als ein Beweis für eine frühere Weltzivilisation, womöglich die des legendären Atlantis, angesehen. Diese archetypischen Muster, untrennbar mit den beobachteten Erscheinungen der Erde und des Himmels verbunden, haben die weltweite Übereinstimmung von äußerer Form und inhaltlichem Zweck hervorgerufen, die wir in der Geomantie finden.«[7]

Daher die Suche nach kosmischen Kraftpunkten auf der Erdoberfläche – besonderen Plätzen und Orten, an denen

Abb. 17   Die Wallfahrtskirche in Steinhausen (Bad Schussenried) als »Ort der Kraft« auf einer *Steinkreuzlinie* in bezug auf die Linienführung Aachen – Habichegg zur Zeit der Wintersonnenwende.

Visionen und transzendierende Zustände der Prophetie und inneren Versenkung erlebt werden können (siehe Abb. 17).

Abb. 18 Suche nach Erzgängen mit einer Wünschelrute; aus: Roessler: *Speculum metallurgicum politissimum,* 1700.

Von unseren Vorfahren wurden die Eigenschaften der Erde verstanden und – benutzt. Daß das Land ein ehrfurchtgebietendes lebendiges Ganzes ist, in das wir uns auf unsere

Gefahr einmischen, ist etwas, das uns moderne Ökologen wieder zu Bewußtsein gebracht haben, und wir können nur hoffen, daß die Mahnung verstanden wird, bevor wir den Punkt, an dem es keine Umkehr mehr gibt, erreicht haben. Unsere Vorfahren, unmittelbar von der Erde und von ihren Kräften abhängig, verehrten Fluß und Quelle, Fels und Hain nicht als Gottheiten an sich, wie es sich spätere Theisten vorstellten, sondern als innewohnende Ursprünge der Geister der Erde.

Die Geheimnisse der Geomantie waren inniglich mit dem Boden verknüpft, der den Menschen ernährt und in den man mit dem Tode wieder zurückkehrt. Sie befaßte sich direkt mit der Verbreitung von Fruchtbarkeit, den Zyklen der Jahreszeiten, den Wasserquellen und der Anlage von Feldern. In der Geomantie wurde die Welt als ein Kontinuum wahrgenommen, in dem alle Vorgänge – natürliche und übernatürliche, bewußte und unbewußte – auf subtile Art verknüpft waren, einer mit dem nächsten.

Obwohl die Spuren der Geomantie im Westen größtenteils zerstört wurden, blieb genug, den Forschern in Vergangenheit und Gegenwart die Möglichkeit zu geben, erhalten gebliebene Reste zu rekonstruieren und mit ihnen Einblick in das Ethos und die Idee hinter der Praxis zu gewinnen.

In der neueren abendländischen Geschichte ist es das unverkennbare Verdienst vor allem einiger englischer Forscher und weitschauender Gelehrter, dieses in Europa verborgene Wissen durch sorgfältige Quellenstudien, Recherchen am Ort sowie daraus resultierenden Publikationen wieder – wenn auch zur Zeit noch in bescheidenem Umfang – einer zunehmend interessierten und durch Fragen der Umwelt aufnahmebereiten Bevölkerung verständlich zu machen. Hierzu gehören vor allem Alfred Watkins, Entdecker der von ihm sogenannten »Ley-Lines«, John Michell, Edwin C. Krupp und Nigel Pennick. Von ihm, dem Gründer des Instituts für Geomantieforschung, stammt die wohl

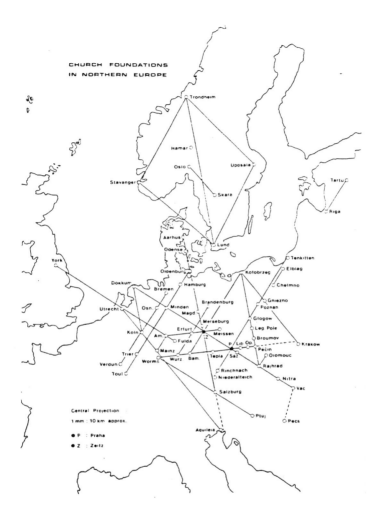

Abb. 19 Geomantische Verbindungen von Kirchgründungen in Nordeuropa (*Gerlachs ley lines over Europe;* Karte von Michael Behrend). Die deutlich erkennbaren Hauptrichtungen entsprechen wie in Stonehenge den beiden Extrempositionen von Sonne und Mond im Jahresablauf.

klarste und am umfassendsten formulierte Definition und Interpretation dieses faszinierenden archaischen Wissensgebietes, das mit zunehmender ökologischer Sensibilisierung der westlichen Industriegesellschaft sowie einer damit parallel einsetzenden Bewußtseinserweiterung hinsichtlich metaphysischer Seinsfragen deutlich sichtbar an Bedeutung gewinnt. Obwohl es bis vor wenigen Jahren im deutschsprachigen Raum eine Reihe bedeutender Persönlichkeiten auf dem Gebiet geomantischer Forschung gab und wohl auch

Abb. 20 Die Externsteine bei Horn/Detmold als vorgeschichtliches Zentrum des Abendlandes vom Atlantik bis zum Ural.

noch heute gibt, sind weder die Autoren bekannt noch ihre Publikationen allgemein zugänglich oder verbreitet. Dieses mag vor allem daran liegen, daß umfangreiche und bedeutende geomantische, kulturhistorische und ethnologische Forschungen dieser Art während der Zeit des Nationalsozialismus im sogenannten »Ahnenerbe« der SS durchgeführt worden waren – in herausragender Weise die entsprechen-

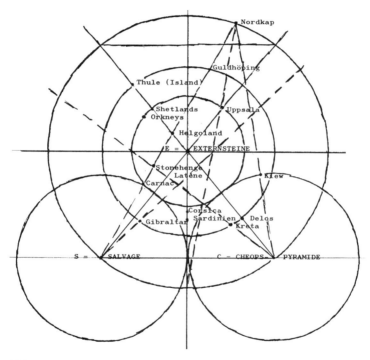

Abb. 21 Konzentrische Kreise um die bedeutenden Mysterienorte Externsteine, Salvage (Reste von Atlantis; heute etwa Lanzarote/Teneriffa) und Cheops-Pyramide. Die konzentrischen Kreise um die Externsteine berühren bedeutsame prähistorische Kultstätten in Nordeuropa wie Thule, Uppsala, Helgoland, Stonehenge, Carnac und Kiew.

den Publikationen von Teudt und Heinsch. Ihre beachtlichen und überwiegend zeitlosen Forschungsergebnisse fielen nach dem Zweiten Weltkrieg nahezu vollständig der Entnazifizierung und einer einseitig ausgerichteten Interpretation neuer und sehr alter deutscher bzw. germanischer Geschichte zum Opfer und gerieten dadurch mehr und mehr aus dem Bewußtsein eines Volkes, das in bedauerlicher Weise zunehmend seine eigenen geistigen und damit lebenserhaltenden Quellen nicht mehr kennt.

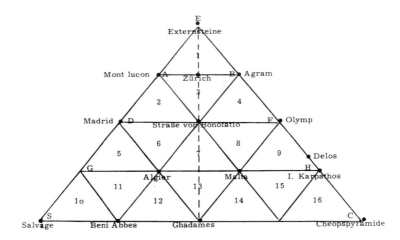

Abb. 22 Die sogenannte »Externstein-Pyramide« nach W. Machalett mit einem riesigen geographischen Dreieck Salvage (Atlantis)-Externsteine-Cheopspyramide; der Basiswinkel dieses Dreiecks entspricht dem Basiswinkel der Cheopspyramide selber (51,5°). Die Externsteine bei Horn/Detmold wiederum liegen auf dem nördlichen Breitengrad 51,5°; diese »Externsteinpyramide« umschreibt einen Raum, in welchem die wichtigsten Mysterienorte und Kultplätze für die Entwicklung Mitteleuropas liegen. Auf der Verbindungslinie Externsteine-Cheopspyramide zogen Weihegesandtschaften Apollos vom fernen nördlichen Hyperboräa nach Delos und anderen griechischen apollinischen Mysterienstätten des frühen Abendlandes.

Die noch erhaltenen Schriften und Publikationen aus jener Zeit sowie eigene Forschungen veranlaßten Walter Machalett, ein umfassendes Werk keltogermanischer und europäischer Kulturtradition mit unorthodoxer Geschichts- und Kulturinterpretation zu verfassen. Seine umfangreichen und sorgfältig recherchierten Bücher *Externsteine, Atlantis, Cheops und Lichtenstein* sind – bei aller gebotenen Distanz gegenüber Einzelaspekten – ein beeindruckendes Lebenswerk[8] (siehe Abb. 20, 21 und 22). Dieses wichtige Werk indo-germanischer Kulturtradition war, neben zahlreichen anderen Publikationen, Anregung und wichtige Quelle zugleich für die folgenden Erörterungen und eigenen geomantischen Studien im nordbadischen Raum – ausgehend von Karlsruhe, jener seltsam geheimnisvollen »Stadt der Atlantiden« am mittleren Oberrhein.

2
MYSTERIENSTÄTTEN UND APOLLI-NISCHE KULTSTÄTTEN

Bereits sehr früh in der Entwicklung der Menschheit vollzog sich ein tiefgreifender Wandel von einer weltweiten, lokal nicht festgelegten Verehrung der heiligen Mutter Erde zum zentralisierten, geomantisch bestimmten Tempel des Sonnengottes. Die in die Tradition der Mysterienschulen eingeweihten Priester vermittelten ein kosmisch-harmonikales Weltbild göttlicher Hierarchien und Geistwesen und prägten damit ein Bewußtsein und Naturverständnis, das wir heute nur noch schwer nachvollziehen können. Diese Umwandlung fiel zusammen mit der Städtebildung und ihrer machtvollen Entfaltung und markierte eine erste Abwendung zumindest eines Teiles der Menschheit von der unmittelbaren Gemeinschaft mit der Erde.

So wie der individuelle Geist eines jeden Menschen seinen Mittelpunkt und physischen Standort im Körper hat, so muß der Weltgeist einen Mittelpunkt und einen festgelegten Ort haben. Dieser Punkt diente als Zentrum, um das sich alles drehte und der fest blieb, während alles andere sich bewegte, sowohl im Wirbel des Firmaments mit seinen Zyklen von Tagen und Jahren als auch bei irdischen und menschlichen Veränderungen. Das Wort *omphalos* für diesen Fixpunkt bedeutet »Nabel« und bezog sich ursprünglich auf den Omphalos von Delphi, Sitz des Apollo-Orakels und Mittelpunkt der griechischen Welt, der Legende nach von Zeus selber erspürt (siehe Abb. 23). Das Flechtmuster dieses delphischen Omphalos-Steines war auch auf anderen Steinen, die weitere wichtige Stätten markierten, zu finden; so auf elliptischen keltischen Marksteinen in Irland und Deutschland sowie in verschlungenen Mustern auf Hünensteinkreuzen der Pikten, Kelten und Sachsen. Derartige Muster symbolisierten die Einspannung der Energien des Ortes, weltweit als Schlangenkraft bekannte Kräfte.

Unter dem Omphalos von Delphi – so sagt die Legende – liegt Python begraben, der Schlangengeist der Erde, der von

Abb. 23 Der Große Apollo-Tempel in Delphi, Griechenland. Berühmte frühzeitliche Orakelstätte mit bedeutendem »Omphalos« (Nabel der Welt); dieses natürliche Erdorakel, das nur während einer Jahreszeit wirkte, wurde von den Priestern des Apollo übernommen, welche seine Energien festigten und seine Wirkungskraft zu ständiger Ausdauer brachten.

Apollo, dem nordischen Sonnengott der polarischen Wurzelrasse, besiegt und getötet wurde. Die zügellose und ungezähmte Energie der Schlange oder des Weltdrachens (Drache = Lindwurm; s. Wurmberg bei Karlsruhe in der Pfalz) wurde gebunden, wenn bei der Gründungszeremonie einer Weihestätte der Holzpflock oder die Bronzespitze, den kultischen Punkt markierend, in den Boden geschlagen wurde; dieses galt in Übereinstimmung mit Griechenland lange auch in anderen Kulturen. Geodätisch bzw. geomantisch ausgedrückt, wurde eine unstet ihren Ort ändernde außergewöhnliche Kraft durch den Pflock gezwungen, ständig am selben Platz zu bleiben. In allen Omphalos-Legenden liegt die wesentliche Bedeutung in der Aufrichtung, (*om* = göttlicher Klang, *phalos* = Phallos) einer Ordnung über das Chaos, in dem die unbändigen und vor allem launischen (*luna* = Mond) Schlangenkräfte an einem auserwählten Punkt gebunden wurden; von diesen Orten konnten die Energien der Erde zum Wohle der Menschheit angezapft und geleitet werden (vergleiche später die geomantischen Linien in der Rheinebene sowie die Ley-Lines in England).

Diese Überlieferungen und Erfahrungen sind weltweit zu beobachten; sie weisen auf ein einstmals einheitliches Wissen von den Bahnen des Erdgeistes und einen sozusagen magnetischen Kraftfluß hin, der Fruchtbarkeit hervorbringt und sich spirituell manifestiert – wobei sich dieser Kraftfluß an ganz bestimmte Routen hält und auch nur an ganz bestimmten Tagen auftritt, die wiederum von den Positionen der Himmelskörper abhängig sind.

Deshalb wurden die auf seinem Weg liegenden Schreine auch nur dann aufgesucht, wenn sich die örtliche Gottheit, die ja nur einen Aspekt des Geistes der Erde darstellt, auch tatsächlich dort aufhielt. Laut Ovid *(Metamorphosen)* ändern sich die Eigenschaften von Quellen, Seen und Flüssen mit den Jahreszeiten. In seiner frühen Geschichte wahrsagte das Orakel von Delphi nur an einem einzigen Tag im Jahr; damit stellt Delphi keinen Sonderfall dar – sämtliche natürlichen Zentren des Erdgeistes sind nur an einem Tag aktiviert. Jedes Zentrum hat seine ganz spezifisch wirksame

Abb. 24 St. Michael im siegreichen Kampf mit dem Drachen. Der in den Boden gerammte Stab oder Speer dient hierbei als Instrument, die kosmischen und irdischen Kräfte zu vereinen; gleichzeitig bedeutet es die Reinigung des Erdgeistes vom Gift des Drachens. (St. Michael, Radierung von Martin Schongauer, 1450–1491).

Jahreszeit, die in Form einer jährlichen Messe, Feier, eines Marktes oder einer Versammlung an einem bestimmten Datum im Gedächtnis der Menschheit haften blieb.

Die Erinnerung an die erste aller Gottheiten, den umherschweifenden Geist der Erde, lebt fort in *Elen* oder *Helena,* der keltischen Göttin der uralten Wege, oder in dem griechischen Gott *Hermes,* dem Beschützer der Reisenden; seine Bahnen wurden mit Säulenreihen, die alle auf den zentralen Stein (Menhir) auf dem Mark(t)platz zuliefen, markiert; ähnlich wurden in Cornwall die alten geheiligten Wege mit Menhiren und Steinkreuzen gekennzeichnet.

Im Mythos der Völker wurde die Bewältigung dieser Energie als ein tödlicher Kampf dargestellt, der nicht leichtfertig unternommen wurde und dessen Ausgang ungewiß war; der winzige Mensch stand den gewaltigen Kräften der Erde nahezu hilflos gegenüber. In den christlich-abendländischen Legenden lebt die Begegnung weiter in den Gestalten von Siegfried, St. Martin, St. Georg und St. Michael (vgl. die »Michaelslinien«); symbolisch durchbohrt der Sonnenheld den Drachen mit seinem Pfeil, seinem Speer oder seiner Lanze (siehe Abb. 24). Auf diese Weise wurden die Kräfte der Sonne und der Erde an einem bestimmten Ort und zu einer bestimmten Zeit verschmolzen und die heilige Stätte mit dieser Kraft festgelegt; mythologisch und kulturhistorisch war diese Festlegung gleichbedeutend mit dem Sieg des männlich-solaren Prinzips des nordischen Apollo über das weiblich-lunare Prinzip der Mittelmeer-Kulturen – der Sieg des Patriarchats über das Matriarchat, wie Julius Evola darlegt.[9]

Eine derartige Kult- und Orakelstätte war ein Ort außergewöhnlicher Energien und damit ein Verbindungspunkt zwischen dem irdischen und dem himmlischen, göttlich übergeordneten Prinzip, zwischen Mikrokosmos und Makrokosmos, wie es der große ägyptische Eingeweihte *Thot* oder *Hermes Trismegistos,* wie ihn die Griechen später nannten, lehrte. Aus diesem Grund wurde der Omphalos durch die Bedeckung mit einem Stein, einem heiligen Schrein oder einem anderen Bau, der den Uneingeweihten den Zugang verwehrte, vor jeglichem Mißbrauch geschützt. So war der Zugang zu diesen besonderen Orten der Kraft auf jene begrenzt, die das Wissen und die geistige Reife hatten, die ihnen zur Verfügung stehenden machtvollen Kräfte nicht zu mißbrauchen.[10]

Solche uralten Orte der Kraft wurden in den später darüber gebauten christlichen Kirchen und Kapellen umgestaltet in Altarraum (Hochaltar), Krypta bzw. Taufbecken – noch heute nachvollziehbar für jeden geübten und sensitiven Rutengänger mit zum Teil exakten Ergebnissen lokaler geomantischer Gitterstrukturen. Das geheime Wissen um diese Zusammenhänge und um den Kampf mit dem Drachen kommt an diesen besonderen Orten der Kraft noch heute dadurch zum Ausdruck, daß Kirchen oder Kapellen an solchen Plätzen – oftmals auf herausragenden Bergkuppen – St. Georg oder St. Michael geweiht sind; die berühmte Michaelskapelle bei Untergrombach/Bruchsal sowie die Pfarrkirche St. Michael in Odenheim (germanisch: Odinsheim?) bei Zeutern im Kraichgau, bzw. die Michaelskirche in Schwäbisch Hall sind dafür bekannte Beispiele.

3
KARLSRUHE – SPUREN VON ATLANTIS?

> In einer Stadt der Atlantiden,
> stand auf einem großen Platz
> sonst eine Pyramide.
>
> C. G. Pfeffel (1736–1809)[11]

Anregung, Ausgangspunkt und wichtige Quelle umfangreicher geomantischer Studien war und ist die bekannte historische und moderne Stadtanlage von Karlsruhe in der mittleren Oberrheinebene, die sich von Frankfurt bis Basel hinzieht. Diese flache, von Bergen gesäumte Landschaft scheint ein zentrales und sehr altes Kulturgebiet früheuropäischer Besiedelungsformen verschiedener Völker gewesen zu sein; die Michelsberger Kultur (bei Untergrombach/Bruchsal) ist die wohl bekannteste Kulturepoche dieser Region. Auf einem in die Rheinebene vorspringenden Berg steht – weithin sichtbar – seit vielen Jahren eine als Wallfahrtskirche bekannte Michaelskapelle, die damit noch heute auf die dargestellte geomantische Tradition der Drachenlinien und -plätze hinweist. Diese bedeutende Kapelle ist – wie viele Kapellen, Kirchen, Dome und Schlösser im nordbadischen Raum – auf zentrale und vielfältige Weise in die geomantischen Strukturen dieser Landschaft zwischen Bruchsal und Karlsruhe eingewoben.

Wer die ehemalige badische Residenzstadt als Baedekertourist besucht oder in ihr als berufstätiger Bürger lebt, der sieht in ihr vordergründig tatsächlich nur die bekannte »Fächerstadt« mit den zwei höchsten bundesdeutschen Gerichtshöfen, der ältesten technischen Hochschule Deutschlands, den klassizistischen Weinbrennerbauten und jener merkwürdigen Pyramide (siehe Abb. 25), unter der Markgraf Karl Wilhelm als Stadtgründer begraben liegt – jener barocke Duodezfürst, der, dem damaligen Zeitgeist entsprechend, aus der Enge des markgräflichen Durlach fliehend, in der Rheinebene mit einer Stadtgründung im Hardtwald einem neuen, aber lediglich nachempfundenen Lebensgefühl Ausdruck verleihen wollte: L'état c'est moi...

Feng-Shui war, wie bereits dargestellt, in den antiken Reichen eine vom Staat kontrollierte Wissenschaft, die vom

Abb. 25 Marktplatz von Karlsruhe mit Stadtkirche und Pyramide, dem Wahrzeichen der Stadt; unter ihr ruht der Stadtgründer, Markgraf Karl Wilhelm.

Herrscher selbst geleitet wurde. Seine Verantwortung war es auch, darüber zu wachen, daß die mit dem *Feng-Shui* verbundenen Rituale auf das sorgfältigste eingehalten wurden. Das Leben am Hofe verlief nach einem Muster der planetarischen Ordnung. Der König, Repräsentant der Sonne, stand mit Sonnenaufgang auf und zog sich bei hereinbrechender Abenddämmerung zur Ruhe zurück; somit symbolisierte er, die Jahreszeiten hindurch, die Sonne in ihren unterschiedlichsten Aspekten. Der römische Kaiser Julianus, der im 4. Jahrhundert n. Ch. die alte Religion wieder kurzzeitig einführte, bezeichnete sich in seiner *Oratio* als »Diener des Souveräns Sonne«, um den die Planeten wie um ihren König herumtanzten, dessen Feuerball sie in ganz bestimmten Abständen auf ihren Kreisbahnen umlaufen und dabei ganz bestimmte Energiezustände erzeugen.

Wer Karlsruhe aber mit schauendem Auge, wachem Geist und einem Gespür für die Gegebenheiten hinter den Erscheinungsformen betritt und erlebt, erfährt mit zunehmendem Interesse und Staunen die tiefe Sinnbildhaftigkeit des Stadtgrundrisses und seiner kulturhistorischen Wurzeln: Winkelmaß (Dreieck) und Zirkel als polare Entspre-

Abb. 26
Markgraf Karl Wilhelm
von Baden-Durlach
(1679–1738).

chungen des männlichen und weiblichen Prinzips in Natur und Kosmos prägen als unübersehbare Symbole den Grundriß Karlsruhes seit Gründung der Stadt am 17. Juni 1715 bis in die Gegenwart – zwei Ursymbole, die in vielfältiger Weise weit in die Vergangenheit der Menschheitsgeschichte reichen.

Abb. 27   Winkel und Zirkelmaß als archetypische Symbole männlich-weiblicher Polarität auf einer 4'000 Jahre alten chinesischen Steinabreibung; Winkel (Dreieck) und Zirkel (Kreis) bestimmen die Grundstrukturen bei Karlsruhes Stadtgründung am 17. Juni 1715.

Bereits auf einer viertausend Jahre alten chinesischen Steinabreibung (siehe Abb. 27) halten zwei Figuren Winkelmaß und Zirkel als exakte Werkzeuge in den Händen – das quadraterzeugende Winkelmaß als Emblem der empfangenden Erde (und damit des weiblichen Yin), den Zirkel als kreiserzeugendes Emblem des Himmels (und damit des männlichen Yang).

Erst der wechselseitige Bezug beider Embleme beinhaltet »Ordnung und richtiges Verhalten« – zwei unabdingbare Grundwerte menschlichen Zusammenlebens, die im bekannten Tai-Chi-Zeichen sinnbildhaft ihren Ausdruck finden.

In einer bekannten Darstellung wird Gott-Vater als »Der Alte der Tage« (vgl. Abb. 28) dargestellt, als Schöpfer und Architekt der Welt, der aus dem Kreis der unvorstellbaren Vollkommenheit heraus mit dem Winkelmaß den sichtbaren materiellen Kosmos und so auch die Erde aufbaut: Hier finden die bekannten Freimaurersymbole ihre deutlichste Aussage (siehe Abb. 28). Diese Abbildung erschien 1794 als

Abb. 28 »Der Alte der Tage«, Titelzeichnung zu William Blakes visionärem Aufsatz *Europa – eine Prophezeihung* (1794); Gottvater als Schöpfer und Baumeister der Welt, der aus dem Kreis der unvorstellbaren Vollkommenheit heraus mit dem Zirkel den sichtbaren materiellen Kosmos und so auch die Erde aufbaut.

Titelzeichnung zu William Blakes visionärem Aufsatz *Europa – eine Prophezeiung*¹² – jenem William Blake, der, vom jungsteinzeitlichen Monument Averbury inspiriert, in einer allegorischen Illustration »The Serpent Ten« (der Schlangentempel) die freimaurerische Überlieferung vom zirkelschwingenden Schöpfer mit den Sonne- und Mondattributen megalithischer Kultstätten verknüpfte (siehe Abb. 29).

Abb. 29 »The Serpent Temple« (Der Schlangentempel); Allegorische Illustration zur freimaurerischen Überlieferung vom zirkelschwingenden Schöpfer mit den Sonne- und Mond-Attributen megalithischer Stätten, wie z.B. dem jungsteinzeichtlichen Monument von Avebury (im Bild), Stonehenge oder auch Karlsruhe.

In seinem bekannten Buch *Das Sirius-Rätsel*¹³ beschreibt Robert Temple ausführlich die Bedeutung der rätselhaften *Omphaloi* und ihre Beziehungen zu den berühmten Orakelstätten des Mittelmeerraumes. Dabei sind in bezug auf die

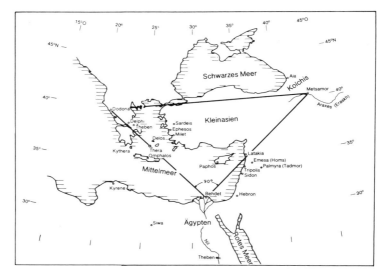

Abb. 30 Die sogenannte »90°-Projektion« von der alt-ägyptischen Hauptstadt Behdet im Nildelta zu den Orakelstätten Dodona in Nordgriechenland und Metsamor in der heutigen Türkei am Fuße des Ararat. Behdet hatte im Altertum als geodätischer Bezugspunkt die gleiche Bedeutung wie heute Greenwich und war Ausgangspunkt der von R. G. Temple so genannten »Orakeloktave« im östlichen Mittelmeerraum. Der rechte Winkel bei Behdet entspricht sinngemäß dem rechten Winkel am Karlsruher Schloß, dem angeblichen »Fächer«.

Karlsruher Gegebenheiten zwei Darstellungen aus diesem Buch von besonderer Bedeutung: Zum einen die der sogenannten »Orakeloktave« der Orakelstätten von Behdet im Nildelta bis Dodona in Nordgriechenland, zum anderen die der Projektionen von Behdet (90°) (siehe Abb. 30) und Theben (60°) zu den Mysterienstätten Griechenlands und Metsamor am Fuße des Berges Ararat (Landung der Arche Noah?) in der heutigen Türkei.

Die heiligen Stätten Theben, Behdet (im Nildelta) und Dodona waren im Altertum geodätische und kultische Orte von herausragender Bedeutung; zusammen mit dem Ammonsorakel der Oase Siwa an der Grenze zwischen Ägypten und Libyen entsprachen sie in ihrer geographisch-geodätischen Anordnung zueinander der Projektion einer damals bekannten Himmelskonfiguration (Sternbild des Himmelsschiffes Argo vgl. Argonauten) auf die Erde (siehe Abb. 31) und waren somit Ausdruck einer kosmisch-harmonikalen Ordnung. Dabei war Behdet, die prädynastische Hauptstadt Ägyptens im Nildelta, vor der Gründung von Memphis, etwa 3000 v. Chr., das »Greenwich« der antiken Welt; es war sowohl geodätischer Bezugspunkt für das alte Reich bis zum großen Katarakt des Nils im Süden des Landes als auch für die Orakelstätten der nördlich von Behdet gelegenen sogenannten »Orakeloktave« bis Dodona in Nordgriechenland. Darüber hinaus bildete Bedhet zusammen mit dem Standort der großen Pyramide (Cheops) eine zentrale geo-

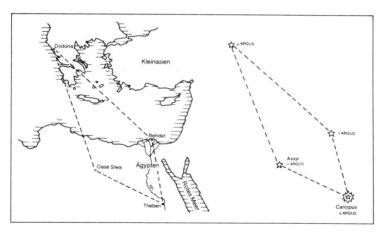

Abb. 31 Himmelskonfigurationen als Vorbilder geomantischer vorzeitlicher Raumordnung: Die Verbindungslinien von Mysterienstätten im östlichen Mittelmeerraum entsprechen dem Streckenverhältnis der abgebildeten Sterne im Sternbild Argo (Arche?).

dätische Achse des alten ägyptischen Reiches (s. Abb. 32), die sich – wie oben bereits dargestellt – genau *südlich* der dynastischen Hauptstadt Behdet befand, und sich in der nordbadischen Residenz wiederfindet: Das *rechtwinklige Dreieck* (90°) Schloßturm / Straßenfächer von der Waldhornstraße bis zur Waldstraße sowie das *gleichseitige Dreieck* 60° Schloßturm – Zentrum von Durlach – Märchenring Rüppurr, (wobei besonders hervorzuheben ist, daß der Marktplatz des dynastisch »älteren« Durlach exakt auf dem 49. Breitengrad liegt: Somit ist die »alte Hauptstadt« Durlach in hermetisch verschlüsselter Weise mit uralten megalithischen Sonnenheiligtümern verbunden, die heute Karlsruhe und »Märchenring« heißen – die *südlich* vom Schloß-

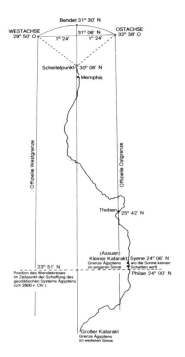

Abb. 32 Behdet, die prädynastische Hauptstadt Unterägyptens im Nildelta als geodätischer Vermessungspunkt für das Alte Reich; im Scheitelpunkt des Kreissegmentes und damit auf der zentralen Achsenlinie befindet sich die Cheops-Pyramide – ein Vergleich Schloß-Pyramide in Karlsruhe erscheint angebracht.

turm errichtete Pyramide auf dem Marktplatz (erbaut 1807) erinnert an das ägyptische und damit atlantische Erbe. Die unverkennbare Hinwendung des badischen Fürstenhauses aus dem alten alemannischen Geschlecht der Zähringer zu atlantisch-ägyptischen Mysterien ist unübersehbar und von tiefer Symbolhaftigkeit für diese geheimnisvollste Stadtgründung der neueren deutschen Geschichte: Nicht nur der ursprüngliche archetypisch symbolhafte Stadtgrundriß aus dem Gründungsjahr 1715 von Kreis und Dreieck als alchemistisches Sinnbild der Vereinigung polarer Gegensätze (siehe Abb. 33), auch die erst im Jahre 1807 errichtete Pyramide, die Obelisken innerhalb der Stadt und andere kleine Bauwerke dieser Art, der Wappenvogel Greif sowie die sonnenhafte Ausstrahlung der 32 Wege und Straßen vom Schloßturm in die Rheinebene erinnern den Betrachter spontan an die bekannte Karte des Piri Re'is, die aus vor-

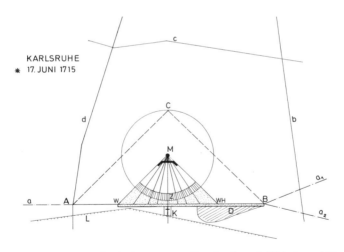

Abb. 33   Skizze zur Stadtplanung von Carolsruhe mit Zirkel- und Dreieckskonfiguration im Hardtwald 1715; aus: Franz Schneider: »Die Anfänge von Schloß und Stadt Karlsruhe« (1932).

sintflutlicher Zeit atlantisches Wissen vermittelt – auch hier ein Zentrum mit 32 davon ausgehenden Strahlen! (siehe Abb. 34).

Die aus dem Jahre 1513 stammende Seekarte des türkischen Admirals Piri Re'is war eine Kopie mehrerer älterer Karten aus der Zeit Alexanders des Großen; sie zeigt mit korrekten Längenangaben versehene Einzelheiten der südamerikanischen Küste – in Europa war damals diese Küste noch völlig unbekannt. Andere Karten wiederum stellen Teile des antarktischen Kontinents dar, die schon seit mehr als 10 000 Jahren von ewigem Eis bedeckt sind. Über diese und ähnliche Karten schreibt Hapgood: »Mir scheint, als würde das Studium dieser Karten auf eine *weltweite* Zivilisation in lang vergangenen Zeiten hindeuten.«[14] Mit einer gleichförmigen Technik wurde damals tatsächlich der ganze Globus von den Kartographen dieser Zivilisation erfaßt. Beim Anfertigen der Karten waren ähnliche Methoden, gleicher mathematischer Wissensstand und wahrscheinlich dieselbe Art von Instrumenten benutzt worden.

Karlsruhe scheint bei seiner Neugründung am 17. Juni (!) 1715 in einer vielfältigen, und zwar ebenso vordergründig-geodätischen wie hermetisch-esoterischen Weise wissentlich und sorgfältig geplant in die kulturhistorisch gewachsenen topographischen Gegebenheiten der Rheinebene hineingewoben zu sein (siehe Abb. 35); ein ebenso dichtes wie fein gewobenes Netz spiritueller Beziehungen und Verbindungen, wie in den folgenden geomantischen Studien gezeigt werden kann.

Eine der geheimnisvollsten Persönlichkeiten der badischen Geschichte war der Kammerprokurator (Wirtschaftsminister) Johann Georg Förderer von Richtenfels, der vom Markgrafen Karl Wilhelm von Baden-Durlach den Auftrag erhielt, die Planung der neuen Schloßanlage »Carols-Ruhe« im nahen Hardtwald verantwortlich zu übernehmen. Dieser

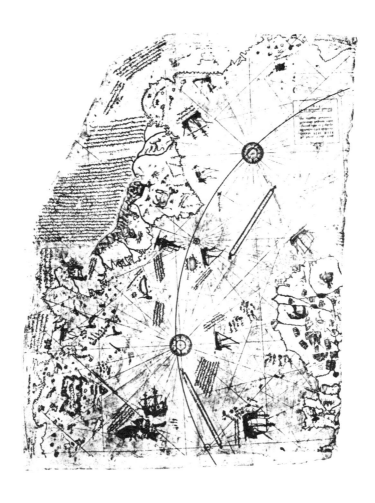

Abb. 34 Die berühmte Karte des türkischen Flottenkommandanten PIRI RE'IS aus dem Jahre 1513 mit der Küstenlinie des Atlantiks, gefunden im 20. Jahrhundert bei Aufräumungsarbeiten im Topkapi-Museum in Istanbul/Türkei. Diese und ähnliche alte Landkarten beweisen eine genaue Kenntnis der Erde schon in vorgeschichtlicher Zeit. Die konzentrischen Kreise erinnern an alte Darstellungen von Atlantis sowie an die 32 Strahlen-Wege um den Karlsruher Schloßturm.
(National Library, Ankara.)

Mann, dessen Name in Karlsruhe vergessen und aus den Annalen und Archiven der Stadt offiziell weitgehend ausgelöscht ist, hat aber dennoch ganz offensichtlich das Erscheinungsbild der nordbadischen Metropole schon sehr früh nachhaltig und unvergleichbar für sein Jahrhundert geprägt. Beinhaltet nicht schon sein ebenso beziehungsreicher wie merkwürdiger Doppelname einen versteckten Hinweis auf eine Unterstützung (Förderung) freimaurerischer und damit okkulter Pläne und Intentionen bei der Planung und Gründung der Stadt, zumal Johann Georg Förderer von Richtenfels vor seiner badischen Tätigkeit als Bergwerksdirektor in alchemistischen Diensten des Grafen von Schwarzenberg in Thüringen stand? Deutet sein Name (Richtenfels) nicht ebenso versteckt auf geomantisch-geodätische Vermessungstradition hermetisch eingeweihter Kreise hin, wenn noch heute bei sorgfältigen Kartenstudien nachvollziehbar ist, daß das Zentrum von Karlsruhe – als mögliche ursprüngliche spätatlantische oder megalithische Kultstätte von zentraler europäischer Bedeutung – in exakten geomantischen Konfigurationen mit so bekannten und markanten Punkten in der Rheinebene wie den Domen von Speyer, Worms und Mainz (Drei-Kaiserdom-Linie), den Schlössern von Bruchsal, Mannheim, Ettlingen und Rastatt sowie alten germanischen Kultstätten wie dem Michaelsberg bei Untergrombach, dem keltischen Heiligtum auf dem Heiligenberg bei Heidelberg oder dem Turmberg in Durlach (siehe Abb. 36) verbunden ist.

In einer Entfernung von exakt 16 Kilometern (2 x 8 km) oder 32 Strahlen × 0,5 km vom Karlsruher Schloßturm

Abb. 35 Alte Karlsruher Landkarte von 1828. Die Wege und Straßen um den Karlsruher Schloßturm sowie feine Peillinien geomantischer Verbindungen zu Orten (und damit Kirchen und Türmen) in der Rheinebene sind deutlich erkennbar, ebenso die Abweichung der Stadtachse von der Nord-Süd-Richtung.

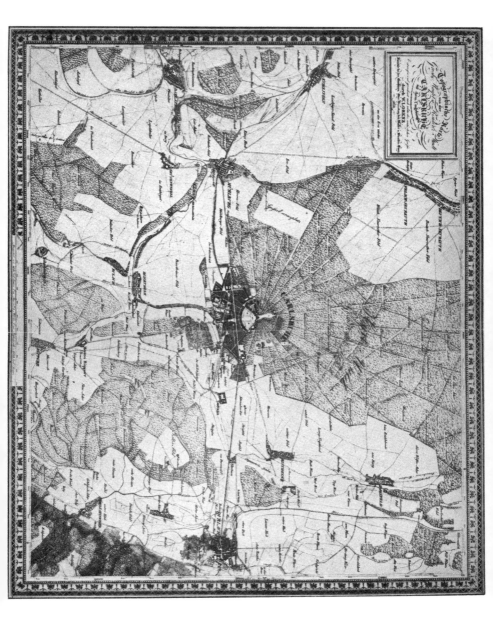

Abb. 36 Historische Darstellung von Durlach, Residenzstadt der Markgrafen von Baden. Der Turmberg mit vermutlich vorrömischen Siedlungsspuren (1) sowie die Stadtkirche (2) sind wichtige geomantische Bezugspunkte bei der Gründung von Karlsruhe im Jahr 1715.

(siehe Abb. 38) befand sich nach Aussage von Rudolf Steiner in prähistorischer Zeit in der Nähe der heutigen Ortschaft Malsch (Rastatt) eine spätatlantische Sonnenorakelstätte mit einem Omphalos (seltsame Steinreste sind in der Nähe dieses Grundstückes noch heute zu sehen). Dort soll der große Eingeweihte Aren oder Eren im letzten Drittel der atlantischen Zeit im Kreise einer kleinen Schar gelehrt haben, um das geistige Leben aus der atlantischen in die nachatlantische Zeit hinüberzutragen, aus dem sich dann die verschiedenen nachatlantischen Kulturen entwickelten.

An jener geweihten Stelle befindet sich heute am Ortsausgang im Wald nahe einer Quelle der sogenannte »Modellbau von Malsch«: Als Rudolf Steiner in der Karwoche 1909 die Loge *Franz von Assisi* der theosophischen Gesellschaft von Malsch einweihte, vollzog er in der Nacht vom 5. zum 6. April beim Waldhaus die Grundsteinlegung mit einem hermetisch-esoterischen Ritual im kleinsten Kreise. Dieser hölzerne Modellbau enthält in seinen kosmologischen Bezügen vorläufige Studien für das spätere erste Goetheanum in Dornach bei Basel und befindet sich noch heute in der Obhut eines Modellbauvereins e.V. der Anthroposophischen Gesellschaft, Zweig Karlsruhe; in bezug auf die atlantische Menschheitsepoche und ihr geistiges Erbe ist interessanterweise auch hier, in dem kleinen kosmologischen Modellbau von Malsch, das Zeichen des Makrokosmos, das Pentagramm, zu finden (siehe Abb. 37).

Bei der Grundsteinlegung dieses Modellbaues in Malsch sagte Rudolf Steiner ausdrücklich, »daß die Erscheinungen der alten atlantischen Zeit sich wiederholen« (astrologisch

Abb. 37 Der sogenannte »Modellbau von Malsch« mit Pentagramm an der Decke, Blick nach Osten. Nach Aussagen Rudolf Steiners (1909) befand sich hier in prähistorischer Zeit eine spätatlantische Sonnenorakelstätte. Zentrale geomantische Bezugslinie zum oktagonalen Schloßturm von Karlsruhe in exakt 16 km Entfernung; Malsch bei Heidelberg ist genau doppelt so weit vom Karlsruher Schloßturm entfernt mit 32 km. Numerologische Beziehungen zur Anzahl der radialen Strahlen um den Schloßturm (32) scheinen gegeben.

ausgedrückt, Wechsel Fische / Wassermann-Zeitalter in Opposition zum Wechsel Jungfrau / Löwe-Zeitalter vor etwa 12000 Jahren). In diesem Zusammenhang hat Rudolf Steiner in verschiedenen Gesprächen Kaspar Hauser, den Erbprinzen aus badischem Hause, einen »versprengten Atlanter« genannt, womit er ausdrücken wollte, daß sich dessen Wesenheit seit jener weit vergangenen Zeit zum erstenmal wieder inkarniert hatte.

In seiner Reinkarnation als badischer Erbprinz in Karlsruhe hätte Kaspar Hauser eine für Deutschland und Mitteleuropa wichtige Mission des esoterischen Christentums zu erfüllen gehabt – in spiegelbildlicher Analogie zur *Kreuzstraße* weist die *Lamm-Straße* zum 16 Kilometer vom Schloßturm entfernten Sonnenorakel von Malsch und damit in die Zeit von Atlantis (siehe Abb. 38).

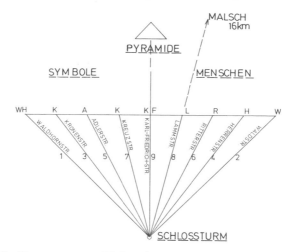

Abb. 38 Der sogenannte »Fächer« im Zentrum von Karlsruhe mit christlich- esoterischer Zuordnung der inneren sieben Straßen (z.B. Krone und Herren; Adler und Ritter; Kreuz und Lamm). Vom Schloßturm in Richtung der Lammstraße befindet sich in genau 16 km Enfernung der Ort Malsch/Rastatt mit vermuteter prähistorischer Sonnenorakelstätte (Rudolf Steiner, 1909).

Abb. 39 Die »Große Achse« in Berlin, eine 120 m breite Prachtstraße mit Reichstagsgebäude, Ministerien, Triumphbogen (117 m Höhe) und abschließender Kuppelhalle (220 m Gesamthöhe; etwa 180'000 stehende Zuhörer fassend).
Planungsmodell von Albert Speer für Hitler, 1939. Gigantomanischer Ausdruck diktatorischer Machtentfaltung nach geomantischen Gesetzmäßigkeiten nach dem Vorbild chinesischer Kaiserpaläste.

Erstaunlicherweise befand sich bis vor wenigen Jahren nur einige hundert Meter vom »Modellbau« entfernt im dichten Wald bei Malsch, tief unter den Baumwurzeln eines Waldabhanges verborgen, der westlichste Führungsbunker und Befehlsstand Adolf Hitlers; Reichs-*Adler* und Haken-*Kreuz* (indogermanische Swastika) über dem Bunkereingang sind ein unübersehbares Symbol und Zeichen dafür, daß der innere Kreis der Nationalsozialisten durch die wenig bekannten frühen Verbindungen zum Geheimorden der Thule-Gesellschaft um derartige okkulte und damit auch geomantisch-machtpolitische Gegebenheiten gewußt und diese – auch gegen das Wirken Rudolf Steiners und der Anthroposophen – gezielt eingesetzt hat (siehe Abb. 39).[15]

Nicht immer läßt die geomantische Zuordnung in Form gedachter – also in der Landschaft nicht oder selten existenter – Linienführungen oder Verbindungen von Bergspitzen, Burgen, Menhiren, Brunnen, Kreuz- oder Mark(t)-Steinen, Kultplätzen oder heute existenten Kapellen, Kirchen und Domen klar erkennbare Gesetzmäßigkeiten wie Sonnenauf- bzw. -untergangslinien, Nord-Süd-Richtung oder bestimmte Abweichungen davon (z. B. 10° Deklination) offenbar werden; neben bekannten geometrischen Konfigurationen wie Dreieck, Sechseck oder Raute können es auch Linienführungen gemeinsamen ethymologischen Ursprungs (z. B. Kreuz-Stein-Kall-Sal-) oder Zusammenhänge geschichtlicher, mythologischer oder gar spiritueller Art sein (z. B. die sogenannte *Siegfried-Linie* oder *Kaspar Hauser-Linie* Karlsruhe – Malsch – Basel. Nicht nur unter diesen Gesichtspunkten werden die Geschichte und die Landschaft, werden Raum und Zeit zu einem fein gewobenen Netz, »einem komplizierten Gewebe von Vorgängen, in denen sehr verschiedenartige Verknüpfungen sich abwechseln, sich überschneiden und zusammenwirken und in dieser Weise schließlich die Struktur – und damit die Funktionsweise – des ganzen Gewebes bestimmen« (Werner Heisenberg).[16]

Der Einfluß der Himmelskörper spielt bei der Erstellung geomantischer Strukturen und damit auch ihrer Wiederauffindbarkeit eine bedeutende Rolle, insbesondere Sonne und Mond, die tagtäglich durch ihre sich rasch ändernden Himmelspositionen korrespondierende Gezeitenläufe und Strömungswechsel innerhalb des Erdmagnetfeldes auslösen. Somit sind die auf der Erde induzierten Energiemuster nur ein Abbild des kosmischen Energiefeldes. Dem Geomanten fällt dabei die Aufgabe zu, diese Wechselbeziehung auch in der Landschaftsgestaltung deutlich werden zu lassen. In seiner Berufsqualifikation verbindet sich die Kenntnis zahlreicher Wissenschaften, wie z.B. Astronomie, Astrologie, Geometrie, Landvermessung, Zahlen- und Proportionslehre mit dem direkten Einfühlungsvermögen von Wahrsagern und Wünschelrutengängern für die Strömungen der Erdenergien.

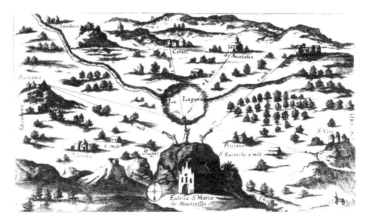

Abb. 40 *Phonurgia* von Athanasias Kircher (1673). Angebliche »Megaphonverstärkung« bei Gottesdiensten vom Eustachiusberg. Aufgrund der offensichtlich phonetischen Anpeilung von Bergkuppen, Kapellen und Burgen mit Distanzangaben (z.B. 2 mill) sowie der Angabe der Nordausrichtung ist eine geomantische Zuordnung zu Landschaftgestaltung denkbar. Die Konfiguration im Zentrum des Bildes (La Laguna) erinnert stark an die »Große Steinschlange« von Avebury.

Als das chinesische Kaiserreich sich weiter ausdehnte, gewann ein bestimmter Anwendungszweck des *Feng-Shui* immer mehr an Bedeutung. Indem *Feng-Shui* die natürlichen, sich schlangenartig bewegenden Energieströme in lange, gerade Kanäle umleitete und sie auf den kaiserlichen Regierungssitz ausrichtete, wurden sie zum Hilfsmittel der Mächtekonzentration in der kaiserlichen Hauptstadt. In China heißen diese Kanäle »kaiserliche Drachenpfade« *(Lung Mei)*; sie wurden bis ins jetzige Jahrhundert von der Regierungsbehörde für Brauchtum sorgfältig instand gehalten. Auf ihrem Wegesverlauf durften keine Gebäude oder Grabmäler stehen, eine Ausnahme bildeten die Gebäude des Kaisers und seiner Familie. Manche Wegesabschnitte waren gepflastert und wurden als Straßen benutzt. Andere wiederum verliefen unsichtbar durch das Land und waren nur anhand von Obelisken, zeremoniellen Brücken und Tempeln kenntlich. Materiell wurde der Kaiser durch die Dienstleistungen seines Volkes getragen; dem vergleichbar bezog er seine spirituelle Stärke aus den irdischen Energien, die in den Bergtempeln und Klöstern fühlbar waren und deren Fließkraft unterwegs an heiligen Stätten geregelt wurde. In umgekehrter Richtung verbreitete der Kaiser mittels der selben Kanäle die sogenannte »Sonnenströmung«, die er und sein hierarchisch, kosmologisch strukturierter Hofstaat aus dem Himmel kondensierten, über das gesamte Kaiserreich und brachte dem Land somit Fruchtbarkeit.

Ein gradliniges Straßennetz, das, vom kaiserlichen Zentrum ausgehend, sämtliche Landesteile miteinander verbindet, hat neben dieser symbolischen und magischen Funktion natürlich eine viel offensichtlichere Aufgabe: Es dient dem Herrscher als Mittel, die Bevölkerung zu kontrollieren und den Nachrichtenaustausch aufrechtzuerhalten (s. Abb. 41).

Ein genaues Abbild der kaiserlichen Sonnenhauptstadt ist Versailles (siehe Abb. 42), dessen Prunkstraßen alle auf den Sitz des »Sonnenkönigs« hinführten. Im England des

Abb. 41 Der Karlsruher »Fächer« nach Süden öffnend mit Schloß und Gartenanlage. Stahlstich von Joh. Math. Steidlin; Carlsruhe 1739. Der Schatten des Schloßturmes weist genau nach Westen, womit sicherlich die solare Ausrichtung der gesamten Anlage angedeutet sein soll; die neun Straßen des »Fächers« sind nach Bergkuppen des Nordschwarzwaldes ausgerichtet (z.B. Mahlberg, Teufelsmühle u.a.).

16. Jahrhunderts ließen die Großgrundbesitzer lange Schneisen aus den Wäldern herausschlagen oder neue Alleen anlegen. Diese erstreckten sich von ihren Palästen aus oftmals weit über ihren Grundbesitz hinausgehend – hin zu entfernten Türmen oder Schlössern. Sie symbolisierten die magische Kontrolle über die umliegende Landschaft. Au-

ßerdem dienten die langen Waldschneisen und Alleen auch einem rein weltlichen Zweck, nämlich der Hirschjagd des Adels. Doch im wesentlichen war ihre Aufgabe im Mystischen zu finden: Zwischen dem örtlichen Herrscher und dem Volk sollten sie eine in beide Richtungen fließende geistige Kraft übermitteln, wobei der Palast als Kontrollzentrum und Verschmelzungspunkt fungierte (s. Abb. 43).

Viele andere architektonische Besonderheiten, die jetzt nur noch unter ihrem rein praktischen Aspekt gesehen werden, haben einen ähnlichen mystischen Ursprung und dienten anfänglich dem Zweck des Feng-Shui. Mircea Eliade schreibt: »Es ist sehr wahrscheinlich, daß Festungsanlagen von Siedlungen und Städten ihren Anfang als rein magische Verteidigungsbauwerke nahmen. Gräben, Labyrinthe, Wälle usw. sollten wohl eher die Invasion von Dämonen und Geistern der Verstorbenen abhalten, als daß sie tatsächlichen Feindangriffen standhalten konnten.«[17] (S. Abb. 44.)

Abb. 42 Schloß- und Gartenanlage von Versailles. Die formale und axiale Anordnung von Gebäuden, Wegen und Gärten des »Sonnenkönigs« (vgl. Ägypten / Pharao) Ludwig XIV. war ganz sicher direktes Vorbild für den Markgrafen Karl Wilhelm bei der Planung von Karlsruhe.

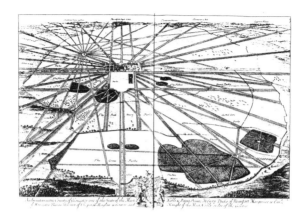

Abb. 43 »Ley-Landschaft« mit Alleen, die auf entfernte Kirchturmspitzen zulaufen; angelegt im Garten des Herzogs von Beaufort durch den Druidenforscher Wright. Derartige »ley-lines« ergeben sich auch in bezug auf den zentralen Karlsruher Schloßturm und eine Fülle bedeutender Kirchen und Kapellen in der Rheinebene (s. Abb. 75).

Abb. 44 Mannheim als barocke Festungsanlage (1734) mit schachbrettartiger Straßenanlage, die bis heute erhalten blieb. Die eigentlichen Ursprünge militärstrategischer Festungsanlagen liegen in den Grundformen der heiligen Geometrie zum Schutze und Segen der darin lebenden Menschen (mit 5, 6, 7, 12 oder 24 Ecken).

HAGSFELD KNIELINGEN RINTHEIM RÜPPURR

Abb. 45 Die Wappen der Karlsruher Gemeinden Hagsfeld, Knielingen (Pentagramm, Drudenfuß), Rintheim und Rüppurr; dem Wappen von Hagsfeld (germ.: *Hagal-feld*) liegt die Hagal-Rune zugrunde.

Karlsruhes Stadtbild wird durch eine beachtliche Anzahl baulicher und vordergründig nicht erkennbarer Gegebenheiten geprägt, die für eine mitteleuropäische Residenzstadt barocken Ursprungs durchaus nicht üblich sind und waren: Pyramide auf dem Marktplatz, verschiedene Obelisken innerhalb des Stadtgebietes, Sphinx-Figuren, Greifvogel als Stadtwappen, christlich-esoterische Straßenzuordnung im sogenannten Fächer im Zentrum der Stadt (siehe Abb. 38) sowie das Pentagramm des heutigen Stadtteils Knielingen (siehe Abb. 45) am Rhein.

Die rätselhafte und anscheinend einander ergänzende Existenz von Pyramide und Pentagramm im Ortswappen waren der entscheidende Impuls – neben diesbezüglichen und ähnlichen Andeutungen in Gesprächen – für umfassende historische, mythologische, genealogische und schließlich geomantische Studien im Raum Karlsruhe; die Anfangsverse des leicht spöttischen Gedichtes *Die Pyramide* des elsässischen Heimatdichters G.C. Pfeffel (1735–1809) aus dem Jahre 1808 oder 1809 ergänzten und vollendeten derartige Überlegungen und Spekulationen in einer überraschenden Weise: »In einer Stadt der Atlantiden – stand auf einem großen Platz sonst eine Pyramide.« – Da der erblindende G.C. Pfeffel (siehe Abb. 46) in jenen Jahren von Professor Jung-Stilling, damals berühmter Okkultist, Arzt und Privatgelehrter am Karlsruher Hof, behandelt wurde, ist eine diesbezügliche Unterhaltung zwischen beiden denkbar.

Sie liegt schon darum im Bereich der Möglichkeiten, weil bereits seit 1807, historisch belegt, auf dem Marktplatz eine hölzerne Pyramide stand als Vorläufer der dann im Jahre 1825 von Weinbrenner errichteten Pyramide aus Grötzinger rotem Buntsandstein (siehe Abb. 47).

Karlsruhe – eine Stadt der Atlantiden, wiedergegründet am 17. Juni 1715 und sinnbildhaft neu errichtet unter barokken, aber auch okkulten, hermetischen Gesichtspunkten an

Abb. 46 Der Heimatdichter G. C. Pfeffel aus Colmar (1736–1809), bereits erblindet. Philosophierte er zusammen mit seinem Arzt, dem am Karlsruher Hof lebenden Okkultisten und Geheimen Hofrat Jung-Stilling, über Karlsruhe, die »Stadt der Atlantiden«, mit der Pyramide auf dem Marktplatz?

einer uralten Stelle atlantischer, keltischer oder megalithischer Sonnenverehrung mit bis heute unübersehbaren und dennoch geheimnisvollen Zeichen im Zentrum der Stadt vergleichbar mit Memphis, Behdet, Theben oder El Kahira (Kairo) der »sonnengleich Strahlenden«?

In der numerologischen Kosmogenese (zeitliche Abfolge der Entstehung des Kosmos) der hebräischen *Kabbala* ist die Fünf seit undenkbaren Zeiten die Zahl des Menschen – die *Quinta Essentia,* die Quintessenz der Schöpfung als Vermittler zwischen Makrokosmos und Mikrokosmos im hermetischen Sinne; die inzwischen bekannte Darstellung eines Pentagramms durch Agrippa von Nettesheim aus dem Jahre 1565 (siehe Abb. 49) macht diese kosmologischen Entsprechungen deutlich. Dieses Zeichen ist gleichermaßen okkultes Symbol des Makrokosmos, das in Goethes *Faust* den Teufel bannen kann, wie auch Illuminaten-Staatsemblem *beider* Supermächte in West und Ost (US und SU).

Abb. 47 Marktplatz in Karlsruhe mit Rathaus, Stadtkirche und Pyramide an der Stelle der ehemaligen Konkordienkirche mit Krypta des Stadtgründers Karl Wilhelm. (Stahlstich, um 1820.)

Abb. 48 Schöpfer, die Welt nach Maß, Zahl und Gewicht messend; die Freimaurersymbole Zirkel, Dreieck und Kreis als formschaffende Prinzipien. (Farbige Miniatur aus einer französischen Bibelhandschrift, 13. Jahrhundert.)

Liegen der unbelebten Materie Zahlengesetzmäßigkeiten der Zahlen 3,4 und 8 zugrunde, so ist die Zahl 5 formschaffendes Prinzip der organisch belebten Natur: Blüten und Blattviertelungen, Spinnennetze und Schneckengehäuse weisen neben spiraligen Strukturen der Fibonacci-Reihe solche der Zahl 5 auf. Basierend auf dem harmonikalen Seitenverhältnis der Königskammer in der Cheops-Pyramide, läßt sich der sogenannte »Goldene Schnitt« am Pentagramm zehnmal nachvollziehen. Schließlich ist die Zahl 5 die Zahl der Pyramide selbst: Über einer quadratischen (4) Grundfläche erheben sich jeweils 4 gleichschenklige Dreiecke (3) zu der gemeinsamen Spitze, symbolische Zahl der Transzendierung vom Stofflichen ins Metaphysische. Somit ist die Pyramide auch Symbol des Menschen (Menschheitsmysterium aus Stein), was Pythagoras in seiner ebenso unverstandenen wie trivial bekannten Weltformel 3^2 (Geist) $+ 4^2$ (Materie) $= 5^2$ (Mensch) kongenial zum Ausdruck brachte: Atlantisches Geheimwissen, überliefert aus ägyptischen und griechischen Mysterienschulen bis in die Neuzeit als universales Erbe der Menschheit aus vor-sintflutlicher Zeit. Damit erinnert nicht nur die gewaltigste und genialste aller Pyramiden, die nach geschichtswissenschaftlich überlieferter (und damit oft unverstandener) vordergründiger Tradition und Kenntnis dem Pharao Cheops zugeordnet wird, an die weit zurückliegende Menschheitsepoche der Atlantiden und ihre bis heute rätselhaften Mysterien, sondern *jede* Pyramide – auch jene sonderbare und letztlich geheimnisvolle auf dem Karlsruher Marktplatz (siehe Abb. 47) und jenes offensichtlich unerklärbare Pentagramm im Ortswappen des Stadtteiles Knielingen in Karlsruhe, wenige Kilometer vom Karlsruher Schloßturm entfernt.

Bei den Alchemisten ist seit altersher die Quadratur des Kreises (siehe Abb. 50) Symbol der Vereinigung polarer Gegensätze, wie es auch im Stadtgrundriß der Karlsruher Stadtgründung zum Ausdruck kommt (siehe Abb. 33). Das abgebildete Kupferstich-Emblem erscheint 1617 in einem Werk Michael Majers mit dem in dieser Hinsicht für Karlsruhe beziehungsreicher Titel *Atalanta fugiens* (das verschwundene Atlantis). Die Abbildung zeigt, wie durch die – schwierige – Quadratur des Kreises das Männliche und

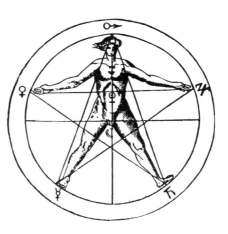

Abb. 49 Das Pentagramm mit den sieben Planetensymbolen nach Agrippa von Nettesheim; aus: *Liber quartus de occulta philosophia* (1565). Das Pentagramm gilt in der numerologischen Kosmogenese als Zeichen des Menschen (quinta essentia). Dieses bekannte Symbol zur Abwehr des Bösen (Drudenfuß) ist Dorfwappen von Knielingen, der ältesten Gemeinde auf Karlsruher Gemarkung. (Vermutlich viel älter als 1'200 Jahre.)

das Weibliche zusammengefaßt werden: »Mache aus Mann und Frau einen runden Kreis und ziehe aus diesem das Viereck und aus dem Viereck das Dreieck. Mache einen runden Kreis, und du wirst den Stein des Philosophen haben« (C.G. Jung)[18] – Karlsruhe gleichsam als geheimnisvoller Ort des *Lapis philosophorum,* Stein der Weisen?

Abb. 50 Quadratur des Kreises, das Männliche und Weibliche zur Ganzheit machend. Auf dem Boden rechter Winkel (Kreuz) und 90°- Kreissegment mit 8 Teilsegmenten. Auf dieses Konstruktionselement dürfte der sogenannte Karlsruher Straßen-»Fächer« zurückgehen.

(Kupferstich-Emblem aus Michael Majers Atalanta fugiens, sinngemäß: »Das versunkene Atlantis!«; 1617.)

Diese Abbildung von Majers ist in bezug auf die Stadtgründung von Karlsruhe insofern besonders interessant, als neben der Quadratur des Kreises (Zirkel) – die im Stadtgrundriß von Karlsruhe, im Bau der Pyramide auf dem Marktplatz sowie in der geheimen Geomantie des Stadtplanes mehrfach sinnbildhaft zum Ausdruck kommt – auch noch das Hexagramm (klein, links unten im Bild), der rechte Winkel (Kreuz) und das Winkelmaß abgebildet sind, das auf einen ersten flüchtigen Blick als *Fächer* interpretiert werden könnte, bei genauerem Hinsehen jedoch deutlich die Gradeinteilung eines 90°-Segmentes mit 8 Teilsegmenten erkennen läßt – genau wie die Einteilung des vordergründig sogenannten Karlsruher »Fächers« gen Süden vom Schloßturm mit seinen neun Straßenstrahlen (siehe auch Abb. 41).

Sollte diese Abbildung *Atalanta fugiens* dem damaligen Wirtschaftsminister Förderer von Richtenfels bekannt und in seiner Symbolik vertraut gewesen sein, als er 1715 vom Markgrafen Karl Wilhelm den Auftrag erhielt, die Planung der neuen Schloßanlage Karols-Ruhe im Hardtwald verantwortlich zu übernehmen? Karlsruhe ist somit nicht nur vordergründig die »Fächerstadt« – Karlsruhe ist vielmehr die rätselhafte »Stadt der Atlantiden«, erbaut im 18. Jahrhundert an einer uralten Weihestätte (vgl. dazu Ortsnamen wie Weiherfeld, Oberweier, Ettlingenweier, Wolfartsweier = möglicherweise Wallfahrtsweier?) von hermetisch Eingeweihten, nämlich dem Gralsgeschlecht der Zähringer, die noch mit den griechischen, ägyptischen und atlantischen Mysterien und Symbolen vertraut waren.

Die Kreiskonfiguration der Pyramide erscheint unübersehbar sowohl im ersten Stadtgrundriß von 1715 (siehe Abb. 33) als auch in der erwähnten Abbildung von Majer; ihre

Abb. 51 Wiedergabe einer Originalstudie von Dr. Joseph Heinsch, aus: *Vorzeitliche Raumordnung als Ausdruck magischer Weltschau.* (Düsseldorf 1959; Universitätsbibliothek Heidelberg.)

NIEDER-SACHSENS

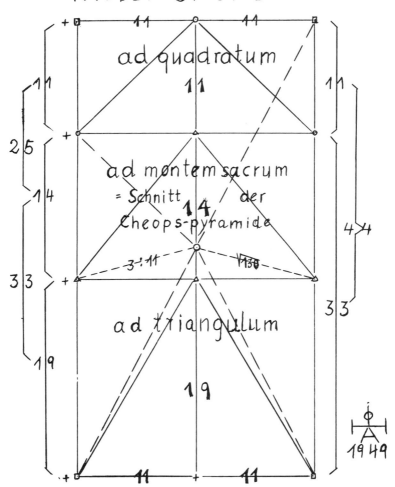

KOSMISCHER MAß-SCHLÜSSEL
44:22 mit vorseitiger Erklärung

Umwandlung (Transformation) in die verschiedenen Dreiecksformen, die für Karlsruhes geheime Geometrie und Geomantie so bedeutungsvoll sind, zeigt Heinsch in seinem Blatt »Nieder-Sachsens kosmischer Maßschlüssel« (siehe Abb. 51) so beeindruckend auf: *Ad quadratum* mit rechtem Winkel am Schloßturm in der Landschaft in der Rheinebene noch heute erkennbar, *ad montem sacrum* (zum Heiligen Berg) in der Geomantie der Landschaft in Form einer großen Cheops-Pyramide (siehe Abb. 75) und schließlich *ad triangulum* in der Form der Pyramide selber auf dem Marktplatz – die Pyramide im Herzen der Stadt als »Stein der Weisen«.

J. Michell schreibt in seinem Buch *Die vergessene Kraft der Erde* hierzu: »Findet ein solches Wissen in bezug auf Feng-Shui beim Bau von Heiligtümern Anwendung – in denen die Energien der Gottheiten lokalisiert waren –, so stellt dies in der Tat eine Form von Technologie dar, die in der Vergangenheit bis zu größter Präzision verfeinert wurde. Bis zu einem gewissen Grad ist es den Archäologen gelungen, den physischen Lebensstil jener Menschen, welche große Gebiete Nordeuropas mit ihren monumentalen Steinkreisen, Säulen und Dolmen vor etwa vier- bis fünftausend Jahren überzogen, zu rekonstruieren. Für die monumentalen Bauten aber fanden sie keine wirklich befriedigende Erklärung, sieht man von solch vagen Ideen ab, die einen rituellen Verwendungszweck im Zusammenhang mit einem Totenkult vorschlugen. Diese Idee ist im wesentlichen richtig, nur leider unvollständig, denn Astronomen stellten jetzt fest, daß alle großen Steine – angefangen bei den sich weit ausdehnenden Steinanordnungen von Carnac, über den Sonnen-Mondtempel von Stonehenge bis zu solch abgelegenen Plätzen auf den Nordinseln Schottlands – genau in Übereinstimmung mit den Himmelskörpern und den natürlichen Landschaftsmerkmalen plaziert waren.«[19] (Siehe Abb. 52.)

Die erst kürzlich gemachten Entdeckungen über die wissenschaftlichen Kenntnisse und Methoden der Erbauer der Megalith-Kulturen lassen darauf schließen, daß ihr System in einer Reihe mit der allumfassenden magischen Tradition Ägyptens, Babyloniens und des alten Ostens stand – sicher im Einklang mit den Prinzipien des *Feng-Shui,* denn die gleichen astronomischen und geologischen Faktoren, bei den Chinesen ausschlaggebend für die Lage ihrer Tempel und Grabmäler, galten auch bei der Platzwahl vergleichbarer Monumentalbauten in Europa als Entscheidungskriterien; dies mag auch für Karlsruhes Pyramide gelten.

Abb. 52 Allegorische Darstellung einer Grundsteinlegung für einen Tempel. Titelblatt von William Hogarth für Kirby's *Perspective of Architecture,* England, 1760. Wenn der Geomant den Standort für einen Tempel (Schloß, Kathedrale) festgestellt hat, zieht der Baumeister eine Linie vom Grundstein (Eck-stein?) in Richtung auf den himmlischen Körper, der im Einklang mit dem Schutzgott des Ortes steht; in der »Sonnenstadt« Karlsruhe handelt es sich hierbei unzweifelhaft um das Zentralgestirn wie in den alten ägyptischen Reichen, die Lichtmeßtradition ist unübersehbar. Die Stele rechts im Bild ist der abgewandelte Omphalos oder Menhir, um die Kräfte des Ortes zu binden; die fürstlichen »Orden« an der Stele sind Hexagramme mit einer vielschichtigen Symbolik (Davidstern; Hagalrune; Lichtmeßwinkel).

Über mehrere Jahre hinweg haben erfahrene Wünschelrutengänger, unter anderem Merlé und Diot aus Frankreich und viele andere aus Großbritannien, beobachtet, daß jede Stätte der Megalithkulturen genau über einem Zentrum oder zumindest über einem Kanal der irdischen Strömung steht; mit seiner Rute kann der Wünschelrutengänger die feine Ausstrahlung der irdischen Strömung entdecken. Ferner stellten sie fest, daß uralte Grabmale und einzelne Steine so aufgestellt waren, daß sie mit dem vitalen Energiefluß der Erde, mit ihrem »Geist«, übereinstimmten und ihn sogar konzentrierten (siehe Abb. 53)

Abb. 53 Bretonischer Menhir an seinem ursprünglichen Standort in Kernuz. Die fruchtbarmachende Energie der Erde, die ihn belebt, wird durch die aufsteigende Schlange (s. Kundalini-Schlange) und die plastisch herausgearbeiteten Gottheiten angedeutet, die keltischen Entsprechungen zu Merkur (Merkurstab) und Herkules.

Die erste Holzpyramide wurde in Karlsruhe 1807 – zwei Jahre vor dem Tode des Elsässischen Heimatdichters Pfeffel – nach dem Abriß der Konkordienkirche über der Krypta des Stadtgründers auf dem Marktplatz errichtet. Pfeffel kann also über die Existenz einer solchen Pyramide im nicht allzu fernen Karlsruhe über den Arzt und geheimen Hofrat Jung-Stilling (der auf dem alten Friedhof in Karlsruhe begraben ist) erfahren und mit ihm in der Kenntnis alter Pläne und Überlieferungen über »Die Stadt der Atlantiden« philosophiert haben. Die Pyramide ist das wohl bekannteste Bauwerk von Weinbrenner, der in jenen ersten Jahren des 19. Jahrhunderts Karlsruhe und andere Städte im Sinne des neuerwachten Klassizismus im Auftrag des badischen Fürstenhauses neu gestaltete. Die sogenannte *Via triumphalis* vom Schloßturm bis zum Verfassungs-Obelisken am Rondell-Platz und zum Ettlinger Tor ist in ihrer architektonischen und kompositorischen Gestaltung und ihrer geomantischen Anordnung einschließlich der Einhaltung der Proportionen des goldenen Schnittes eine auf der Erde einmalige Anlage.

Abb. 54   Der Vogel Greif, badisches Wappentier; Ursprünglich mythologisches Symbol aus dem griechisch-ägyptischen Kulturkreis: Sphinxhaftes Mischwesen aus Adler und (kosmischer, geflügelter) Schlange. Dem hyperboräischen Apollo in der heiligen Weihestätte Delphi sitzt ein Greif zu Füßen, der in sich die Formen des *Sonnenvogels* Adler und des *Sonnentiers* Löwe vereinigt; auch hier verborgene Hinweise auf »Heliopolis« Karlsruhe, die Sonnenstadt an alter Kult- und Weihestätte (s. Ortsnamen Weiherfeld, Wolfartsweier, Ettlingenweier und Oberweier im Süden von Karlsruhe.).

Die endgültige Fertigstellung der Pyramide aus Stein in der noch heute existierenden Form erfolgte in den Jahren zwischen 1823 und 1825 unter Großherzog Ludwig, dem letzten eigentlichen Zähringer des badischen Fürstenhauses. Die Grundplatte der Anlage mißt 11 x 11 Meter, die Pyramide selber hat eine Grundfläche von 6 x 6 Meter (36 m²) – entsprechend der Summenzahl der acht Segmente im Inneren des »Fächers« – und eine Höhe von 6,5 Metern; nach A. Heinsch entspricht ihre Form der kosmischen Proportion *Ad triangulum*[20] (siehe Abb. 51). Bedingt durch den Seitenwinkel des Baues, wird die Nordseite der Pyramide auf dem Marktplatz nur am 21. Juni eines jeden Jahres, dem Tag der Sommersonnenwende, beim Höchststand der Sonne gegen mittag für nur wenige Minuten ins Licht getaucht – uralte Lichtmeß-Tradition an den sogenannten »Festen Tagen« des Jahres.

Schließlich ist das badische Wappentier, der sphinxhafte Vogel Greif, mythologisches Symbol aus dem griechisch-ägyptischen Kulturkreis: Mischwesen aus Adler und (kosmischer geflügelter) Schlange und damit Sinnbild des ewigen Kreislaufes der Sonne durch den Tierkreis oder die kosmischen Zeitalter. Dem hyperboräischen Apollo in der heiligen Weihestätte Delphi sitzt ein Greif zu Füßen, der in sich die Formen des *Sonnen*vogels Adler und des *Sonnen*tieres Löwe vereinigt (vergleiche die Entsprechungen in Astrologie, Tarot und Alchemie); die auch hier verborgenen Hinweise auf »Heliopolis« Karlsruhe, die Sonnenstadt an alter Kult- und Weihestätte, sind ebenso überraschend wie in sich schlüssig in bezug auf die Gesamterscheinung. Bei einer näheren Betrachtung der geometrischen und geomantischen Gegebenheiten des eigentlichen Zentrums von Karlsruhe sind die dann erkennbaren Strukturen und Verbindungen zu anderen »Orten der Kraft« in der Rheinebene und weit darüber hinaus von einer geradezu unbegreifbaren Präzision und Vielschichtigkeit.

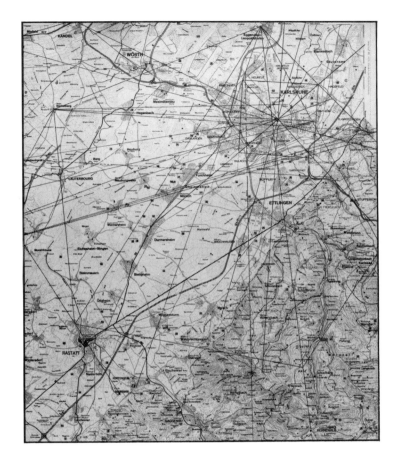

Abb. 55 Detaillierte geomantische Kartenstudie westlich von Karlsruhe mit Verbindungslinien zu Dorf- und Wallfahrtskirchen, Wegkreuzen und Bergkuppen; Büchelberg in der Pfalz als zentraler geomantischer Bezugspunkt für die »Sonnenstadt« Karlsruhe. (Kartenmaßstab 1 : 50'000).

In der weiten Rheinebene der südlichen Pfalz und des beginnenden französischen Elsaß erheben sich – wenig auffällig – kegelförmige, abgeflachte Bergkuppen, auf denen sich zum Teil Ortschaften (Büchelberg), größtenteils aber keine Bebauungen befinden (siehe Abb. 55). In seinem für die germanische Kulturgeographie grundlegenden Artikel *Vorzeitliche Ortung in kult-geometrischer Sinndeutung: Der Maßbaum der Edda im Sonnenkreis* erläutert Heinsch bereits 1937 das Grundschema der Gottesberg-Sonnenort-Ortung (siehe Abb. 56).[21]

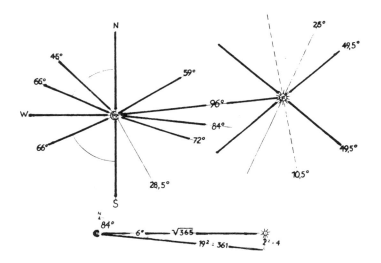

Abb. 56 Grundschema der Gottesberg-Sonnenort-Ortung nach A. Heinsch. Von einem »Mondheiligtum« oder Gottesberg im Westen wird unter einer Winkelabweichung von 6° in Richtung Osten ein »Sonnenheiligtum« gegründet.

Abb. 57 Die Anwendung des Grundschemas der Gottesberg-Sonnenort-Ortung nach Heinsch auf die historisch nachvollziehbare Neugründung von Karlsruhe (1715): Vom »Mondheiligtum« (Gottesberg) Büchelberg in der Pfalz wurde unter einer Winkelabweichung von 6° von der Ortsausrichtung der »Sonnenort« Karlsruhe gegründet (Standort Pyramide auf dem Marktplatz). Die historischen megalithischen Spuren, Reste oder Kenntnisse davon waren vorhanden; 1715 wurde nachvollzogen, was möglicherweise vor 5'000 Jahren an gleicher Stelle in Kenntnis kosmisch-

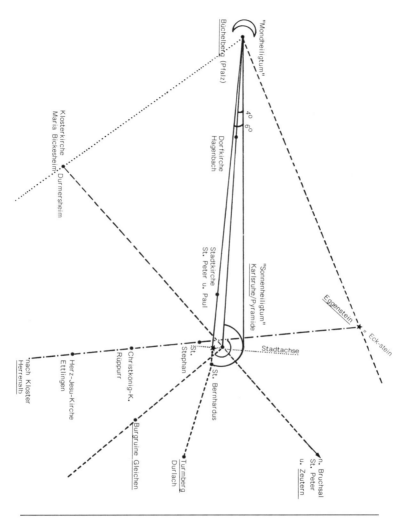

harmonikaler Gegebenheiten nach atlantisch-megalithischer Kulturtradition errichtet worden war: Ein riesiger Steinkreis mit einem zentralen Menhir oder Omphalos an der Stelle des heutigen Schloßturmes oder der Pyramide; Distanzveränderungen der zentralen Orte sind durch die voranschreitende Präzession des Frühlingspunktes innerhalb von etwa 6'000 Jahren denkbar.

Aus dem Bestreben nach einer kosmologisch ausgerichteten Raumordnung – Grundprinzip geomantischer Strukturen – wurden in vorzeitlichen nordeuropäischen Kulturen von einem Mondheiligtum oder Gottesberg im Westen unter einer Winkelabweichung von 6° in einer bestimmten Entfernung Sonnenheiligtümer bzw. astronomische Vermessungsstationen gegründet (siehe Abb. 56). Die Winkelabweichung von 6° entsteht aus einer pythagoreischen Dreieckskonfiguration $19^2 + 2^2 = \sqrt{365}$, wobei die Hypotenuse die Zahl der Tage eines (abgerundeten) Sonnenjahres und die Ankathete die Zahl eines metonischen Mondjahres (19) angibt.

Somit wurde das »Sonnenheiligtum« Karlsruhe 1715 von einem Gottesberg (Büchelberg = Buchenberg) oder einem Mondheiligtum unter einer kultischen Winkelabweichung von 6° gegründet, wobei über die Lurdes-Grotte der äußere Zirkel (heute Adenauerring) angepeilt wird und über die Dorfkirche von Hagenau (Hagal-Au) die Moltkestraße von Karlsruhe und in deren Verlängerung der Schloßturm. Die vollständige Winkelabweichung von 6° wird erst durch die Linienführung Büchelberg / Kaiserallee und die Kaiserstraße und damit den Marktplatz mit der Pyramide – dem bekannten Wahrzeichen der Stadt – erreicht (siehe Abb. 57). Von diesem zentralen Ort, an dem zur Zeit der Stadtgründung die Konkordienkirche mit der späteren Gruft des

Abb. 58 Geomantische Studien westlich von Karlsruhe unter Zugrundelegung der in Abb. 55 abgebildeten Karte 1 : 50'000. Die Bergkuppen westlich des Rhein in der Pfalz sind Peilorte für eine Reihe bedeutsamer geomantischer Linien ins Zentrum von Karlsruhe entsprechend der englischen Tradition der »ley-lines«. Die Meßpunkte auf der Karte geben jeweils die Kirchenstandpunkte der verschiedenen Orte wieder. Interessant im Sinne des chinesischen FENG-SHUI ist die Lage des Hauptverwaltungsgebäudes von Daimler-Benz in Wörth; Eggenstein, Büchelberg und Kandel (= franz. Eck-stein) und der Karlsruher Schloßturm sind die Bezugspunkte geomantischer Linien, die das Gebäude exakt diagonal teilen; planungsmäßige »Zufälligkeit« des deutschen Weltkonzerns mit dem guten Stern?

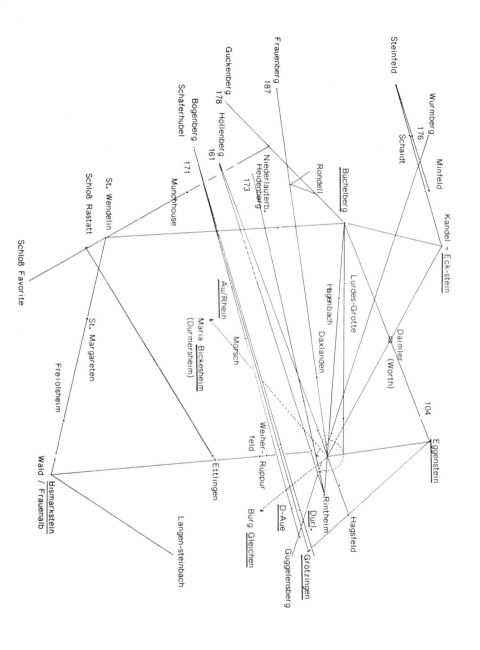

Stadtgründers stand, nimmt Walter Haug an, daß sich möglicherweise in vorkeltischer, megalithischer Zeit dort ein *Shamrock*, ein Sonnenscheinfelsen befunden habe. Die Kaiserstraße von der Hauptpost zum Durlacher Tor stellt für jeden noch heute erkennbar eine »Ley-Line« im klassischen englischen Sinne dar: Sie führt in west-östlicher Richtung direkt auf den Turm der St. Bernhard-Kirche zu, so wie dann östlich von dieser Kirche unter einer Winkelabweichung von 12° die Durlacher Allee auf die evangelische Stadtkirche von Durlach (auf dem 49. Breitengrad) bzw. auf den Turmberg zuführt. Interessanterweise ist die Distanz Büchelberg / Pyramide ebenso lang wie die mittlere Entfernung der fünf äußeren Pentagonseiten, nämlich 16,7 km.

Auch die bereits genannten Berge in der Rheinebene sind ganz offensichtlich wichtige Orte der Vermessung und Ausrichtung für den inneren Stadtbereich der am 17. Juni 1715 im Hardtwald gegründeten Stadt Carolsruhe. Dort, wo heute in der Landschaft – sichtbar und damit auf exakten Karten nachvollziehbar – Kapellen und Kirchen jüngeren Datums stehen, befanden sich sehr wahrscheinlich größtenteils in früheren – keltischen und megalithischen – Kulturepochen Kreuz-Steine, Menhire, Mark(t)-Steine oder andere Zeichen geomantisch bedeutsamer Stellen.

Nur so ist erklärbar, daß bei entsprechenden geomantischen Studien die Berge und Hügel in der westlichen, pfälzischen und elsässischen Rheinebene Ausgangspunkte verschiedener Linienführungen bis in das Stadtzentrum von Karlsruhe darstellen, auf deren innerstädtische Ausrichtungen hier nicht näher eingegangen werden kann; dieses gilt für den Wurmberg (= Drachenberg, 176 Meter), den Frauenberg (Freya bzw. Maria geweiht, 187 Meter), den Heidenberg (Heide = umbenanntes früheres germanisches Heiligtum, 173 Meter) bei Niederlauterberg und den Höllenberg (161 Meter; Hölle = Negativierung alter germanischer Kultplätze).

Eine überraschende geomantische Linienführung ergab sich in bezug auf das Haupt- und Verwaltungsgebäude des Daimler-Benz-Werkes (Lastwagenbau) in Wörth am Rhein: Die Linie Büchelberg / Eckenstein bildet die eine Diagonale des größten Gebäudekomplexes, die Linie Dorfkirche Kandel (französisch Kantstein / Eckstein!) / Schloßturm / St. Bernhard am Durlacher Tor und Dorfkirche Durlach-Aue die andere Diagonale – *Feng-Shui* am mittleren Oberrhein, in wissentlicher Kenntnis geplant und vordergründig nicht erkennbar ausgeführt durch Mitglieder eingeweihter Chefetagen der Weltfirma mit dem guten Stern (Dreiteilung der Welt / Kosmos)... (vgl. Abb. 58).

Immer noch scheint in Furcht, Vorbehalten und Vorsicht lebendig, was D.S. Mereschkowskij in *Das Geheimnis des Westens Atlantis – Europa* schreibt: »Die Furcht vor Atlantis, die vielen Gelehrten eigen ist, läßt sich begreifen: die Insel der Seligen ist zum Paradies aller törichten Schwärmer und Ignoranten, aller wissenschaftlich Unverantwortlichen geworden. Aber neben dieser begreiflichen, notwendigen Scheu gibt es eine andere, überflüssige, die allerdings auch begreiflich ist. ›Geringes Wissen lenkt von Gott ab, großes führt zu ihm hin‹, sagt Newton. Darum fürchten die Menschen mit geringem Wissen – und solcher gibt es unter den Gelehrten viele – sich vor Atlantis, dem Ende der Welt, der Eschatologie, der Religion, Gott.«

4
FRÜHZEITLICHE LICHTMESS-SYSTEME

Die Ausrichtung megalithischer und anderer frühzeitlicher Bauwerke nach den uns umgebenden Planeten entspringt einer uralten Lichtmeß-Tradition an den sogenannten festen Tagen eines Sonnenjahres, und zwar Mariä Lichtmeß am 2. Februar, Sommer- bzw. Wintersonnenwende, Tag- und Nachtgleichen im März bzw. September, 18. April = Ur-Ostern und die Walpurgisnacht 30. April / 1. Mai (siehe Abb. 59).

Ein derartiges Lichtmessen ist nicht nur alte Bauhüttentradition für das Errichten von Kirchen und Domen (Chartres, Aachen, Speyer, Maulbronn und andere), sondern gleichermaßen Überlieferung aus ägyptischer Zeit (Obelisken / Pyramidion / Tempel) und den Steinkreisen der europäischen Megalithkulturen der Spätatlantiden, Kelten und Germanen in der Reihenfolge ihres geschichtlichen Auftretens.

Beides – Obelisken und Steinkreise – lassen sich noch heute nicht nur in Karlsruhes Stadtbild und seiner geheimnisvollen Geomantie (Pyramide, Zirkel und Dreieck im Zentrum der Stadt) wiederfinden, sondern auch in anderen Strukturen der Landschaft, die noch heute in einer ebenso vielfältigen wie subtilen Weise existieren.

Im siedlungsgeschichtlich und geomantisch hochinteressanten »Dreiländereck« (zwischen Basel, Colmar und Freiburg) gibt es – noch heute nachvollziehbar im Laufe eines

Abb. 59 *Ars magna lucis et umbrae* – allegorische Darstellung göttlichen Lichtes: Apoll (Sonne) mit Merkurstab und nächtliche Diana (Artemis-Minerva-Mond) mit Eule und Pfauen senden ihr göttliches Licht zum irdischen Fürsten, dessen Bauten damit »ins rechte Licht« gerückt sind; Barocke »Lichtmeßtechnik« und – Ausrichtung sakraler und profaner Bauten mit solaren bzw. lunaren Bezügen entsprechend keltisch-germanischer Tradition.
(Kupferstich von Pierre Miotte; Amsterdam 1671.)

Sonnenjahres – sichtbare Beweise für ein derartiges »Lichtmessen« unserer Vorfahren in megalithischer oder noch früherer Zeit: das sogenannte »Belchen-System«. Dort in der südlichen Oberrheinregion und den sie begrenzenden Gebirgszügen gibt es fünf Berge, die sich in Sichweite befinden und alle den gleichen Namen tragen: Belchen. Drei von ihnen liegen im Elsaß, einer in Baden und einer in der Schweiz nahe Olten. Die drei »Belchen« im Elsaß heißen heute *Ballon d'Alsace, Grand Ballon* und *Petit Ballon*, was möglicherweise eine Anspielung auf die rundlichen Kuppen aller fünf Belchen beinhaltet. Beim Kartenstudium bzw. im direkten Erleben vor Ort ergibt sich an bestimmten Tagen des Jahres ein auffälliger Zusammenhang zwischen allen fünf »Belchen«: Am Morgen der Tag- und Nachtgleiche geht die Sonne vom 1247 Meter hohen Elsässer Belchen aus gesehen genau im Osten über dem Schwarzwälder Belchen bei Freiburg auf; am Morgen der Sommersonnenwende erhebt sich die Sonne im Bereich des kleinen und großen Belchen im Elsaß (Nordost) und zur Wintersonnenwende geht unser Zentralgestirn über dem Schweizer Belchenfluh bei Olten im Südosten vom Elsässer Belchen auf (siehe Abb. 60).

Damit stellt das »Belchen-System« ganz offensichtlich eine vorgeschichtliche astronomische »Station« dar, die somit am südlichen Oberrhein eine ähnliche Bedeutung hatte, wie sie Stonehenge in der Ebene von Salisbury als Sonnen- und Mondobservatorium zugeschrieben wird. Da in vorgeschichtlicher Zeit astronomische Gegebenheiten oftmals auch mit kultischer Verehrung der entsprechenden Gottheiten verbunden waren, ist eine Namensherleitung vom kelti-

Abb. 60 Das »Belchen-System« im südlichen Schwarzwald. Die Winkelfunktionen beim Elsässer Belchen sind in bezug auf die Sonnenextremstellungen ähnlich denen von Stonehenge; das »Belchensystem« stellt somit ein ähnliches Sonnenobservatorium dar.

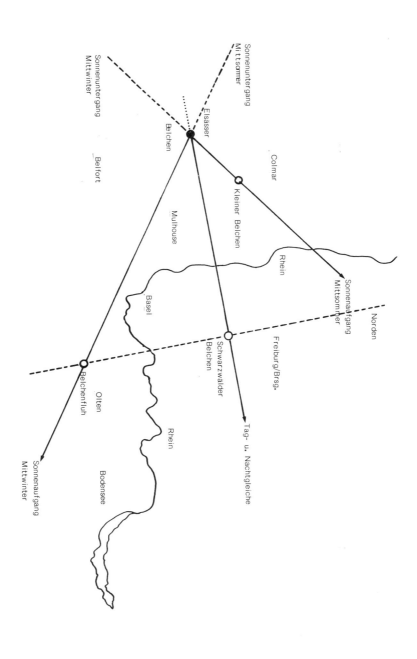

schen Sonnengott »Belenos« denkbar, weil der Name »Belchen« damit in direkter Beziehung zum Sonnenstand an den vier wichtigen Lichtmeß-Tagen des Naturkalenders steht. Auch eine Ableitung aus der indogermanischen Sprachwurzel »Bhel« gleich »leuchtend« ist vorstellbar; interessant erscheint in diesem Zusammenhang auch die Namensableitung der in der Nähe der fünf Belchen gelegenen Ortschaft *Belfort* und der sehr alten Stadt Basel (Bhel-Bal?), die offenbar Ausgangspunkt und kultisches Zentrum vieler bedeutender geomantischer Linien ist, wie spätere diesbezügliche Studien aufzeigen werden.

In Anbetracht derartiger eindeutiger Sonnenverehrung und Messung in vorgeschichtlicher Zeit im Gebiet der südlichen Oberrheinebene mit ihren noch heute erkennbaren Zuordnungen zu den festen Tagen des Sonnenjahres erscheint die Fragestellung von Walter Haug durchaus zulässig und sinnvoll, ob der Straßenzug »Märchenring« im heutigen Karlsruher Stadtteil Rüppurr nach ähnlichen astronomischen Gegebenheiten ausgerichtet ist wie der berühmte megalithische Steinkreis von Stonehenge. In seinen beeindruckenden Recherchen und Messungen geht Walter Haug in einem umfangreichen Artikel näher auf derartige lichtmeßtechnische Parallelen zwischen Stonehenge und den ursprünglichen Strukturen des heutigen »Märchenring« ein, wenn er schreibt: »Karlsruhe ist die Stadt, welche genau auf dem 49. Breitengrad liegt. Und es ist eine ins Auge springende Ungereimtheit, warum der Fächer von Karlsruhe bei seiner Planung Anfang des 18. Jahrhunderts, als die Himmelsrichtungen schon seit Urzeiten bekannt waren, keinen

Abb. 61 Ein Vergleich der kreisförmigen Anlage von Stonehenge mit dem inneren »Hufeisen« der Trilithe als zentraler Sonnenvisur zur Sommersonnenwende (Aufgang über dem Heelstone) mit dem hufeisenförmigen Straßenzug »Märchenring« in Karlsruhe-Rüppurr; unter Berücksichtigung auf die geringfügig unterschiedlichen Breitengrade liegen sehr ähnliche lichtmeßtechnische Gegebenheiten vor. (Verändert nach Walter Haug.)

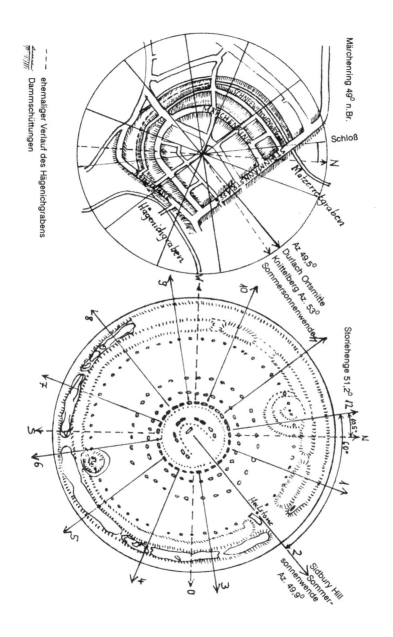

annähernd präzisen Nordmeridian bekam, sondern statt dessen einen um 9,5° Nordwest abweichenden, der genau auf der Eggensteiner Allee verläuft und mit 10° auf die Eggensteiner Kirche zielt. Und noch sonderbarer ist, daß diese Richtung in der ältesten Karte von Heinrich Schwarz aus dem Jahre 1721 als ›Meridies‹ bezeichnet wird, obwohl die Hauptachse des Schlosses und der Stadt sich nach der Linkenheimer Allee orientiert, daher auch kein ›Meridian‹ der Stadtplaner gewesen ist. Offenbar war hier noch ein altes Wissen um die vergessenen Linien aus grauer Vorzeit vorhanden.«[22]

Richard Fester[23] war m.E. der einzige Wissenschaftler der Nachkriegszeit im deutschen Sprachraum, der in seinen Untersuchungen über die Ursprache des Paläolithikums bei der Analyse landschaftlicher Namensgebungen der Prähistorie auf dieses System Bezug genommen hat. Ohne ihn wäre der Autor sicher nicht auf die Idee gekommen, den 10°-Deklinationsmeridian im Karlsruher Fächer als steinzeitlich zu erkennen und die Linie in den Süden weiterzuführen. Denn dort stößt man auf die Lösung des Rätsels. 5 Kilometer vom Schloßturm entfernt, trifft die Linie das Zentrum des Märchenrings in Rüppurr. Dieser bildet ein Hufeisen und liegt mit dem parallel außen umlaufenden Schneewittchenweg und dem anschließenden Fußpfad an der Böschungskante zum 50 Meter entfernten Matzerrot- und Hägenichgraben auf einem wahrscheinlich neolithischen Erddamm, der noch auf einer Karte von 1911 unbebaut zu sehen ist (siehe Abb. 61). Die Ähnlichkeit zum steinernen Hufeisen der fünf Trilithe von Stonehenge ist einem nicht sofort bewußt. Doch das Messen der Winkel beider Hauptachsen beweist: sie sind identisch – 49,5°. Ganz offensichtlich sind die neolithischen Steinkreise Nordeuropas grundlegender Bestandteil des jungsteinzeitlichen Vermessungssystems. Hier wurden die Kreiswinkel gemessen, die später in die Landschaft hinaus verlängert wurden.

Die Achse von Stonehenge zielt auf den Sonnenaufgangspunkt zur Sommersonnenwende, 49,9°, der vor 4000 Jahren noch bei 49,5° lag und sich seither aufgrund der Verschiebung der Präzession auf den heutigen Wert eingependelt hat. Der Märchenring trifft in seiner Ausrichtung die Ortsmitte von Alt-Durlach, Kreuzung Pfinztal- mit der Zehnt- und Mittelstraße, welche genau 5 Kilometer vom Schloßturm Karlsruhe entfernt liegt. Genau 5 Kilometer sind es wiederum vom Märchenring zur Durlacher Mitte, wenn man nicht das Zentrum des Halbkreises, sondern den amtlichen trigonometrischen Landvermessungspunkt an der Steinmannstraße in Bezug setzt, der in identischer Position mit dem Heelstone von Stonehenge zu finden ist. Offenbar diente ein Stein an jener Stelle, wie der Straßenname schon verriet, als Sonnenvisier. Nur kann diese nicht auf das Durlacher Altstadtzentrum gerichtet gewesen sein, das übrigens genau wie der Marktplatz von Durlach auf dem 49. Breitengrad liegt, sondern muß auf den 8,1 Kilometer entfernten Knittelberg bei Grötzingen gedeutet haben, über dem am längsten Tag des Jahres die Sonne bei Azimut 53° aufzugehen pflegt (vgl. Abb. 61).

Diese Ausführungen werden besonders interessant und vielschichtig, wenn darüber hinaus deutlich wird, daß es zwischen dem »Belchensystem« bei Basel und der Sonnenstadt Karlsruhe hochbedeutsame geomantische Beziehungen gibt: Ähnlich dem bei Walter Haug so beschriebenen Hauptmeridian (Deklination 20° Nordost) in der gesamten Rheinebene von Frankfurt am Main bis Mühlhausen bei Basel gibt es eine geomantisch bedeutsame Verbindung vom Michelsberg bei Untergrombach über den Turmberg in Karlsruhe-Durlach, die »spätatlantische Sonnenorakelstätte Malsch« (Waldhaus Bulich), bis ins ferne Belfort unter einer Deklination von 36° (persönliche Mitteilung 1988) – jenem Winkel, der die Spitze eines Pentagramms bildet, das wie das Hexagramm (vgl. später die Ausführungen zur Geomantie der Rheinebene) häufig bei geomantischen Strukturen zu finden ist.

In einer geomantischen Konfiguration im Großraum Karlsruhe kommt darüber hinaus die Lichtmeßtechnik in einer weiteren Variante unverkennbar zum Ausdruck und soll im Kapitel 5 näher beschrieben werden.

Zusammenfassend läßt sich sagen, daß die vorzeitliche »Lichtmeßtechnik« im gesamten mitteleuropäischen Kulturraum weit verbreitet war und eine Form der Sonnenmessung bzw. -verehrung darstellte, die ihren besonderen Ausdruck in vielfacher Abwandlung bei den megalithischen Völkern fand; Spuren hiervon sind heute noch in unterschiedlicher Weise in Form von Ringwallanlagen, geomantischen Strukturen, topographischen Punkten und Bauwerken entsprechend der alten Bauhüttentradition in Kirchen, Domen und Klöstern zu finden.

5

GEOMANTIE DER OBERRHEINEBENE

In bezug auf das »Belchen-System« wurde bereits darauf hingewiesen, daß die gesamte Rheinebene von Frankfurt am Main bis Basel und Mülhausen ein zentrales mitteleuropäisches Siedlungsgebiet lange vor der Besiedelung der Römer und Kelten gewesen sein muß. Spuren dieser frühen Siedlungsformen, die weit in die Frühzeit der Menschheitsgeschichte zurückreichen, sind in unterschiedlicher Weise und aus verschieden frühen Kulturepochen noch heute reichhaltig vorhanden und auch nachvollziehbar: Nicht nur in Form von Kult- und Gebrauchsgegenständen, Grabanlagen oder Siedlungsresten, sondern auch als – wenn auch zunächst verborgene – Landschaftsstrukturen auf der Oberfläche des Erdkörpers, vergleichbar den Meridianen bzw. Kraftlinien auf chinesischen Akupunkturkarten des menschlichen Körpers, die mit dem traditionellen Gebrauch unserer Sinne nicht auszumachen, wohl aber in ihrer subtilen Verbindung zueinander und durch ihre überprüfbaren Auswirkungen dennoch existent sind. Bei diesen geomantisch bedeutsamen Punkten handelt es sich vorwiegend um alte Quellen und benachbarte Heiligtümer, vorspringende Bergkuppen oder Wurten (Hügel) in Flußebenen (Woerth am Rhein und Main), heutigen Michaelskapellen auf ehemaligen Odinsheiligtümern, »Orten der Kraft«, auf denen sich heute Dome, Münster oder große Kirchen befinden, umgeben von dazugehörigen Stadtanlagen; Nord-Süd- bzw. Ost-West-

Ausrichtungen und Zuordnungen von Orten und Heiligtümern sowie deren trigonometrische Orientierungslinien (Orient = Osten) mit pythagoräische bzw. anderen Winkelfunktionen, z.B. Deklinationsabweichungen von 10°, 20° oder 32° von der Nordausrichtung; alte *Stein*kreuze (nicht *Sühne*kreuze) als Fixierungspunkte geomantischer Linienführungen, der sogenannten »Steinkreuzlinien«, die sich wie ein noch heute erkennbares Raster über ganz Süddeutschland ziehen und erkennen lassen; Menhire und Marksteine, Sonnenwendlinien bzw. Peillinien von Mondextremstellungen wie in der Ringanlage von Stonehenge.

Noch heute lassen die Orts- und Flurnamen derartige astronomische bzw. geomantische Bezüge – wenn auch oftmals nicht mehr sofort erkennbar – anklingen, wie in Sternenberg, Sonnenberg, Marsberg, Sterneck, Winterberg, Sommerberg, Weißenberg, (= Weisenberg, also Peilberg), Steinsberg, Kreuzberg, König- und Kaiserberg; außerdem in vielen Namen aus der nordisch-germanischen Mythologie, wenn auch oftmals verändert und umgewandelt und kaum noch in ihrer ursprünglich germanischen Bedeutung erkennbar; so z.B. Freiolsheim bei Bietigheim (= germanische Göttin *Freya*), Odenheim (= *Odins-Heim*) oder Hagsfeld bei Karlsruhe (*Hagalfeld*) und viele andere. Ältere Heimatkarten bzw. topographische Wanderkarten sind eine fast unerschöpfliche Quelle derartiger sehr alter Namen aus keltischer bzw. germanischer Siedlungszeit. Mit Einsetzen der Christianisierung Europas, insbesondere seit dem zerstörenden Einfluß Karls des Großen, geraten diese Namen und Strukturen mehr und mehr in Vergessenheit.

Interessant erscheint, daß drei im Ansatz unterschiedliche Autoren zu anscheinend unterschiedlichen Ergebnissen geomantischer und topographischer Studien in der Rheinebene kommen; bei eingehendem Vergleich wird aber doch erkennbar, daß letztlich immer wieder die gleichen oder ähnlichen Orte und Linien hervortreten aus einem zunächst verwirrend erscheinenden Netz vielfacher Linien und Strukturen. Auffällig dabei ist, daß bei großräumigen Studien und solchen in begrenzt überschaubaren Regionen erstaunlicherweise immer wieder die gleichen Muster und geometrischen Figuren zwischen geomantisch oder siedlungsgeschichtlich bedeutsamen Orten und Plätzen hervortreten: Das Pythagoräische Dreieck mit eingeschlossenem rechten Winkel, Dreieckskonfigurationen, die der Cheopspyramide im Querschnitt oder der Seitenfläche entsprechen, Pentagramm bzw. Hexagramm (Hagal-Rune bzw. Davidsstern), Rechteck bzw. Raute durch die Deklinationsverschiebung (Raute = *Gäu* bzw. *Gau?*) oder sogar mikrokosmische Abbildungen bzw. Entsprechungen von bekannten Sternbildern, wie Robert K. G. Temple in seinem bereits erwähnten Buch *Das Sirius-Rätsel* aufzeigt – ein Buch, das sich in umfangreicher und vielschichtiger Weise der menschlichen Frühgeschichte widmet.

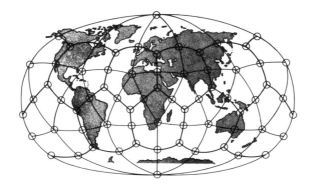

Abb. 62 Ist der Planet Erde ein großer Kristall? Sowjetische Darstellung in der Zeitschrift *Khimya i Zhizn* (Chemie und Leben), 1960. Die Vorstellung, daß die sich langsam abkühlende Erde kristalloide Gitterstrukturen aufweist, ist alt. An den Gitter-Kreuzungspunkten sollen sich besondere erdmagnetische Kraftfeldstrukturen befinden, die mit kosmischer Einstrahlung interferieren.

Es wäre zu einfach, nur ein Erklärungsmodell für diese – aus heutiger Weltsicht unverständlichen – Strukturen zu suchen, die nicht fiktiver, sondern real nachvollziehbarer Art sind; dabei mögen Teile des Erklärungsmodelles erdgeschichtlich-geologischer (Kristallgitter-Netzstrukturen), mythologischer, geomantischer, megalithischer oder abendländischer Natur sein – erst die Komplexität aller Ebenen wird die Wirklichkeit weitgehend vollständig wiedergeben (siehe Abb. 62).

Bereits 1983 veröffentlicht Kurt E. Kocher in seiner Schrift *Macht euch die Erde untertan – Die Teilung von Zeit und Raum seit der Steinzeit* geodätische und frühgeschichtliche Studien der südwestdeutschen Region von Freiburg bis zum Taunus, vom neolithisch bedeutsamen Ferdersee (Steinhausen vgl. später die Steinkreuzlinien) bis Würzburg (siehe Abb. 63). Zu diesen vorgeschichtlichen Orientierungspunkten zwischen Rheintal und Donau schreibt Kocher: »Orientieren kommt von Orient, dem Osten.«[24] Man orientiert sich an Himmelsrichtungen. In Süddeutschland gibt es Osterberge, Ost- und Westheime, Österberge und das östliche Nachbarland Österreich. Ortsnamen mit Nord-, North-, Süd-, Sonn- und Sonnt... sind verhältnismäßig häufig; solche mit Mon-, Mons- usw. sind selten.

Orientierungspunkte benötigen Reisende und Priester für ihre Kalender. Genau markiert werden sie durch Steine. Menhire sind noch heute Gemarkungsgrenzen. Auch Meilensteine fanden lange Verwendung. Auf Bergkuppen sind oft trigonometrische Punkte. Aber auch die Lage von Domen und Wallfahrtskirchen sind heute noch verläßliche Quellen für vorgeschichtliche Orientierungspunkte. Wo Orientierungslinien auf Flüsse stießen, bildeten sich Siedlungen, aus denen inzwischen renomierte Städte wurden.

In der abgebildeten Karte sind 75 Punkte dargestellt mit insgesamt 47 Namensentsprechungen, 32 neolithisch-keltisch-römische Kultstätten, 14 Flußlagen, 11 Vulkankegel,

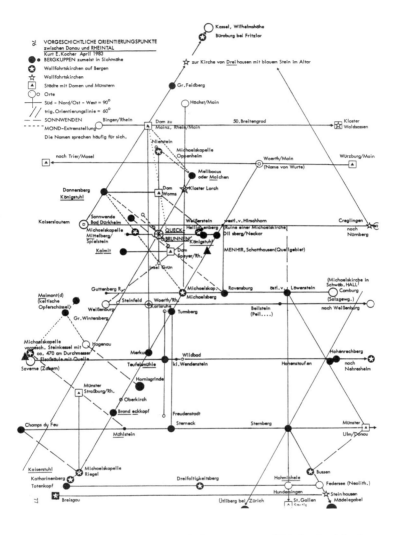

Abb. 63 Geodätische Studien zwischen Donau und Rheintal mit bedeutsamen vorgeschichtlichen Orientierungspunkten sowie noch heute darauf befindlichen Kultsätten (Dome, Kirchen, Kapellen) nach Kurt E. Kocher. Auffällig ist die Ausrichtung vieler Linien nach festen »Lichtmeßtagen« des Jahres sowie die Parallelität einiger Linien von der Nordausrichtung.

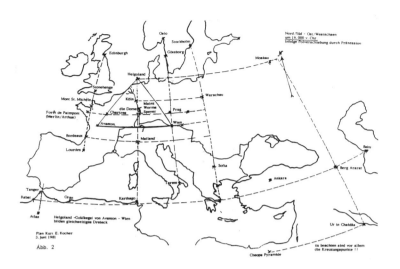

Abb. 64 Bedeutsame vorgeschichtliche Kultstätten in Europa, Vorderasien und Afrika, die durch gleiche Breitengrade bzw. Meridiane miteinander in Verbindung stehen; dabei ergeben sich deutlich erkennbare geometrische Konfigurationen (z. B. der Meridian Helgoland – Dreikaiserdomlinie – Mailand – Karthago). Ihre Ursprünge reichen nach Kurt E. Kocher bis in eine Zeit um 16'000 v. Ch. Demnach sind die Siedlungsursprünge der meisten europäischen Hauptstädte erheblich älter als bisher angenommen.

13 Wallfahrtsorte und Kirchen, 7 Michaelsnamen, 5 Dome und Münster, 4 Bischofssitze, 3 Mahl-, Mühl- und Mühlennamen auf Bergen, 3 Königs- bzw. Kaiserstühle, 3 Weisenburg bzw. -stein und 2 Woerth; Woert-Wurten sind künstliche Hügel, die vor Überschwemmungen schützen. Urmitz-Woerth, der Michaelsberg und Avebury zeugen von den Großwallanlagen vor ca. 6000 Jahren, deren Lage astronomische Deutungen nicht ausschließen lassen. Besonders markant an dieser Karte ist die deutlich erkennbare Zuordnung bedeutsamer Orte auf den Breitengraden: Bingen, der Dom von Mainz und das Kloster Waldsassen (Asen?) auf

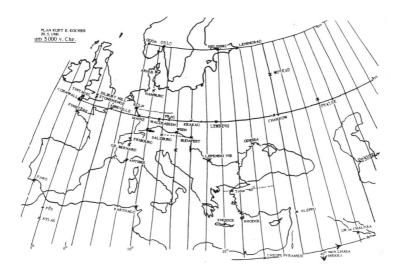

Abb. 65 Die Bedeutung der Breitengrade für das Entstehen herausragender vorgeschichtlicher Kultstätten, mit noch heute wichtigen Stätten der abendländischen Geschichte; etwa 5'000 v.Chr. Studie von Kurt E. Kocher. Beachtlich ist die Anhäufung vorgeschichtlicher Kultplätze auf dem 50. Breitengrad: Cornwell (St. Michel) – Abbeville – Mainz – Prag – Krakau – Lemberg – Charkow – Uralsk oder auf dem 60. Breitengrad: Odda – Oslo – Helsinki – Leningrad (Petersburg).

dem 50. Breitengrad, der Turmberg und die Stadtkirche von Karlsruhe-Durlach (siehe Abb. 36) sowie das Schloß von Karlsruhe befinden sich auf dem 49. Breitengrad, das Münster von Freiburg i. Br. auf dem 48. Breitengrad; deutlich erkennbar die zu diesen drei Breitengraden verlaufenden Verbindungslinien weiterer bedeutsamer vorgeschichtlicher Orientierungspunkte sowie unter gleichen Winkelfunktionen zu diesen Breitengraden Orientierungslinien vor allem über Berge der Rheinebene (Schwarzwald) von Riegel bei Freiburg bis Woerth am Main (= Wurte, Erdhügel), oftmals gekrönt von heutigen Michaelskapellen oder ihren Ruinen.

115

Die drei wohl historisch und baugeschichtlich bedeutsamsten Kaiserdome Südwestdeutschlands, nämlich die von Speyer, Worms und Mainz, befinden sich auf einer geomantischen Verbindungslinie, der inzwischen sogenannten *Drei-Kaiserdom-Linie* (siehe Abb. 64) die ihrerseits wiederum in vielfacher Weise in Verbindung steht zu anderen herausragenden topographischen und geomantischen Linien, z.B. den Schlössern von Mannheim, Karlsruhe, Ettlingen und Rastatt, die ein in sich geschlossenes Muster bilden, oder zu der von mir sogenannten *Siegfried-Linie* über das Kloster von Lorsch bis nach Bayreuth.

In einem anderen Zusammenhang soll über diese Linie ausführlich berichtet werden.

In einer weiteren beeindruckenden Studie frühzeitlicher Orientierungspunkte (etwa aus der Zeit um 5000 v. Ch. Geburt) zeigt Kurt E. Kocher in derselben Schrift die herausragende Bedeutung der Breitengrade, insbesondere des 50. Breitengrades, auf (siehe Abb. 65): Die auf dieser geographischen Breite gelegenen »Orte der Kraft« Mainz, Prag, Krakau, Lemberg sind nicht nur bedeutsame Stätten der europäischen Geistesgeschichte, sondern noch heute durch ihre Dome und Münster christlicher Prägung letztlich auch erhabene Zeugnisse aus einer längst versunkenen Menschheitsepoche, in der – wahrscheinlich noch intuitiv erspürt – die geheimnisvolle Kraft der Erde durch das Errichten heiliger Plätze und Bauwerke zum Ausdruck kam. Hamburg und Karthago (Hannibal) auf dem 10. Längengrad, das »Weltchakra« Krakau auf gleichem Längengrad wie Budapest; Moskau (siehe Abb. 66) verbunden mit Aleppo in Syrien; Oslo, Helsinki und Leningrad (Petersburg) auf dem 60. Breitengrad; Troja und Peking auf dem 40. Breitengrad; New Orleans (Baton Rouge), Lanzarote (Atlantis), die Cheopspyramide und Lhasa (Potala) im Himalaja auf dem 30. Breitengrad – Hauptstädte, Heiligtümer und Hochkulturen auf den Haupt-»Meridianen« des Erdkörpers.

Abb. 66 Moskau als Beispiel einer europäischen Hauptstadt mit weit in die Frühgeschichte zurückreichenden siedlungsgeschichtlichen Wurzeln. Geomantisch ausgerichtete Bebauung des Areals im großen Moskwabogen mit dem Sowjetpalast als Ausdruck machtpolitischer Einflußnahme auf das gesamte Staatswesen ähnlich der »Großen Achse« in Berlin. (Projekt von B. M. Jofan und W. G. Helfreich, 1937.)

Der menschliche Geist im Laufe von Jahrtausenden im Spannungsfeld tellurischer, erdgebundener sowie solarischer, kosmischer Kräfte: Struktur, Funktion und individuelle wie globale Geschichte in einem geheimnisvollen Wechselspiel hinter den sichtbaren Erscheinungsformen – die Nornen spinnen noch immer ihre Schicksalsfäden.

Walter Haug erarbeitet in seinen geomantischen und geodätischen Studien Strukturen, die mit Winkel und Maßstab überprüfbare topographische Gegebenheiten der Rheinebene von Frankfurt bis Mülhausen bei Basel wiedergeben; dabei hält er sich weitgehend an die grundlegenden prähistorischen Untersuchungen Mitteleuropas von A. Heinsch, W. Teudt und R. Fester und dessen Forschungsarbeiten im Hinblick auf ethymologische Zusammenhänge von Ortschaften, Bergen und Flurnamen. Eine beobachtete Grundstruktur seiner Untersuchungen und Studien ist dabei die Raute, die sich durch 20° Deklinationslinien zur Nord-Süd-

Achse ergibt und zu recht interessanten und vielfach überprüf- und belegbaren Ergebnissen führt; dabei kommt den sogenannten »Viereck-Schanzen« eine besondere Bedeutung zu. Hierzu führt Haug im einzelnen aus (s. Abb. 67):

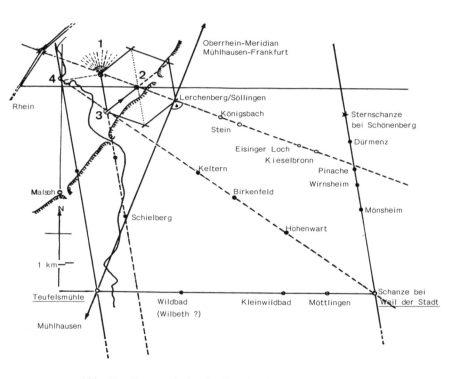

Abb. 67 Geomantische Studien in der Oberrheinebene bei Karlsruhe unter Zugrundelegung eines Hexagramms mit dem Zentrum von Durlach (49. Breitengrad). Die aus dieser Konfiguration sich ergebende Struktur eines Rautengitters mit einer Winkelabweichung von 10° zur Nordausrichtung wird klar erkennbar. (Abb. 67 u. 68 verändert nach Walter Haug.)

Abb. 68 Großräumige geomantische Studien im Oberrheintal vom Nordschwarzwald bis Worms. Die Rauten-Konfiguration aus Abb. 67 wird hier noch deutlicher erkennbar; das geomantische Hexagramm von Durlach/Karlsruhe bildet den Ausgangspunkt dieser Studie.

1 = Karlsruhe
2 = Durlach
3 = Märchenring Rüppurr
4 = Albschleife
5 = Büchelberg/Pfalz
6 = Schloß Rastatt
7 = Baden-Baden
8 = Teufelsmühle
9 = Pforzheim
10 = Stein/Königsbach
11 = Söllingen
12 = Lugenberg
13 = Bruchsal
14 = Wiesental
15 = Speyer, Dom
16 = Heiligenberg (Heidelberg)
17 = Ketsch
18 = Worms, Dom
19 = Lorsch
20 = Weinheim (mit Schänzel)
21 = Gleichenberg
22 = Sternenschanze
23 = Weil der Stadt (Viereckschanze)
24 = Zeutern

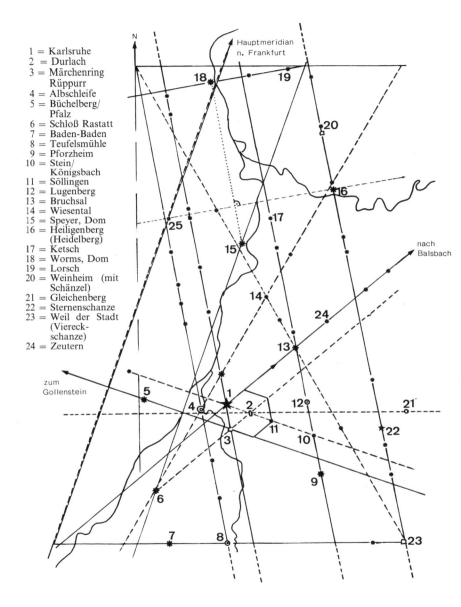

»›Raute‹ ist ein ethymologisch ungeklärtes Wort. In diesem Zusammenhang ist seine Herkunft vom Wort Roden und der als Maßeinheit mit unterschiedlichen Längen bis in die Neuzeit gebräuchlichen Rute wahrscheinlich. Teufelsmühle verweist auf die Steinzeit, aus der Mühlsteine mit kalendarischen Einkerbungen bekannt sind.[25] Rolf Müller in *Der Himmel über dem Menschen der Steinzeit* sagt, daß »in den Vorstellungen mancher Völker die Kreisung der Gestirne zuweilen mit der eines Mühlsteins oder einer Handmühle verglichen wird.«[26]

Zurück zur Nordschwarzwald-Raute, ihre Diagonale diente dem Prinzip der sich gegenseitig kontrollierenden Linien. War ihr Winkel exakt ins Gelände gefluchtet, mußte sie den Kreuzpunkt der gegenüberliegenden Seiten treffen. Nach dieser simplen Methode war die höchstmögliche Präzision der Landvermessung gewährleistet. Eine ebensolche Kontroll-Diagonale durchzieht die längsgezogene Raute mit den Eckpunkten Schloßturm Karlsruhe, Märchenring Rüppurr, Sternschanze bei Schönenberg und Schanzlinie bei Maulbronn (Eppinger Linie). Das Seitenverhältnis dieses langgestreckten Vierecks beträgt exakt 6 : 1, und der Diagonal-Winkel hat einen Wert von 10° (Abb. 67). Die Matrix für diese großräumige Landmarkierung war das Dreieck Albschleife Daxlanden-Schloßturm Karlsruhe Märchenring Rüppurr mit einem Seitenverhältnis von 5 : 5 : 7 Kilometern, das als pythagoräisches Dreieck einen rechten Winkel enthält. Die kleine Diagonale Albschleife Schloßturm (siehe Punkte 2 und 1) diente dabei als Entwurf für die große Diagonale Märchenring – Eppinger Linie bei Maulbronn, wobei es sich um eine wirklich kultische Linie handelt.

Das, was hier wie das Schnittmuster eines Schneiders erscheint, ist die bei weitem noch nicht vollständig entschlüsselte Rekonstruktion der Oberrheinvermessung von Worms bis Baden-Baden. Die Karte (siehe Abb. 68) zeigt am linken Rand den Oberrhein-Meridian Frankfurt–Worms–Straßburg–Mühlhausen (Azimut 20°), der im Norden bei der Rheinbrücke bei Worms den Rhein überquert. Es ist anzunehmen, daß der Rheinübergang an dieser Stelle noch aus der Zeit der Landvermessung stammt, genauso wie die Rheinbrücke bei Karlsruhe-Maxau in der Fortsetzung der Linie Durlach-Schloßturm Karlsruhe, welche im rechten Winkel auf den Meridian stößt, und auch die Rheinbrücke bei Straßburg, die ebenfalls auf dem Ein-Uhr-Meridian liegt. Dies bestätigt die These, daß die Streckenmessung Frankfurt–Mühlhausen das Gerüst des Ortungssystems bildete, wobei die Infrastruktur in Form von Holzbrücken oder Fährverbindungen über den Strom gelegt wurde. Nicht von ungefähr liegen die mit bedeutendsten Städte des Oberrheins an diesen Brücken, deren Besiedelung offenbar in dieser Zeit beginnt, so wie es genausowenig ein Zufall ist, daß die bevölkerungsreichsten Städte – Mainz, Karlsruhe und Freiburg – auf den Breitengraden liegen.

In bezug auf den in Europa weit verbreiteten Begriff *Alb*, der auch auf Karlsruher Gebiet mehrfach auftritt (Herrenalb, Frauenalb, Flüßchen Alb) führt Haug in Anlehnung an Fester aus: »Flüsse und Bäche, ebenso wie Gebirge und ganze Landschaften, aber auch Orte tragen diesen Namen.«[27] Auf den ersten Blick ist er eine konsonantische Umstellung des in der megalithischen Weltschau überaus wichtigen Bal, Sonnengott und Schöpfer des Weltalls – der Konsonant B steht nach Mohr-Kehirs genetischer Ethymologie *(Das verlorene Wort)*[28] für das Gebärende, Erzeugende, AL ist das All und das Licht. Auch wurzelt das Wort Bal in der Vorstellung, daß die Sonne eine feurige Kugel ist, weshalb Ballspiele in alten Kulturen, so auch in Südamerika, kultische Bedeutung hatten. Andererseits wird der Sonnengott als Stier (Bulle) dargestellt, so wie Zeus, als er Europa ihrem phönizischen Vater Argenor nach Kreta entführt, oder das Goldene Kalb der Baalspriester in der Bibel. Die Form eines Stierhorns hat, ganz ähnlich der Darstellung auf einem Flachzylinder aus Achat im Palast von Knossos auf Kreta, der Wasserlauf um den Märchenring. Dieses Symbol ist auch in der Runenreihe Nordeuropas enthalten und heißt *Ur,* wie der gleichnamige, ausgestorbene Auerochse. Außerdem gleicht es der Lyra, dem Musikinstrument, nach dessen Klang Troja geschaffen worden sein soll. Tatsächlich ist Troja, genau wie Durlach, im Grundriß aus zwei zusammengefügten Uren gebildet, also oval (siehe Abb. 69 bis 71).

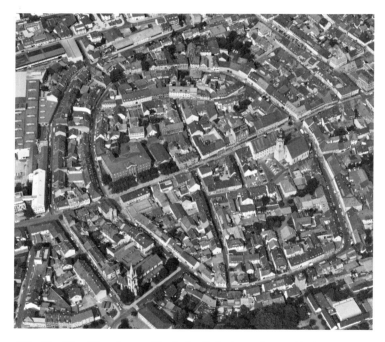

Abb. 69 Die Altstadt von Durlach; Gründung der suebischen Hohenstaufer (1196). Der Stadt-Grundriß ist – genau wie in Troja – aus zwei zusammengefügten Uren (s. Abb. 70) gebildet, geteilt von der in Ost-West-Richtung verlaufenden Hauptstraße. Der Marktplatz von Durlach befindet sich genau auf dem 49. Breitengrad; möglicherweise hat hier in vorgeschichtlicher Zeit ein Menhir als Mark-stein gestanden. (Luftbildaufnahme); freigegeben vom Reg. Präs. Karlsruhe Nr. 210/2162.)

Interessant ist, daß in Babylon der Stier oder Ochse *Alpu* genannt wurde, genauso wie bei den Syrern *Alaph* oder den Hebräern *Aleph* und von dort zu den Griechen *Alpha* gelangte – der erste Buchstabe im Alphabet, der bezeichnenderweise aus der Ikone eines Stierkopfes entstand. In Griechenland heißt *Alphos* »weiß«, in der germanischen Mythologie heißt eine weise Frau »Elfe«, und auch die weißen »Alpen« lassen sich von daher erklären.

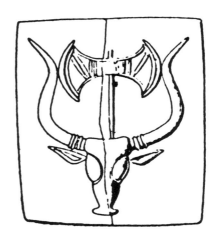

Abb. 70 Stier von Kreta, Flachzylinder aus Achat im Palast von Knossos/Kreta. Diese Form ist als archetypisches Symbol auch in der Runenreihe Nordeuropas enthalten und heißt »Ur«, wie der gleichnamige, ausgestorbene Auerochse. Im übrigen gleicht diese Form der Lyra, dem Musikinstrument, nach dessen Klang Troja geschaffen sein soll (s. auch Abb. 69; Stadtgrundriß von Durlach).

Ebenso wie bei den Studien zu Orientierungspunkten von Kocher in der Landschaft zwischen Basel und Frankfurt kommt der Rheinebene auch bei den megalithisch-geodätischen Untersuchungen von Walter Haug eine zentrale Bedeutung zu, die sich oftmals in der Zuordnung gleichwichtiger Orte äußert, so zum Beispiel in den Orten Worms, Speyer, Heidelberg, Heiligenberg, Lorsch, Bruchsal und Pforzheim, sowie in deren formal logischer Zuordnung durch sinnvolle Verbindungslinien geodätischer bezw. geomantischer Natur.

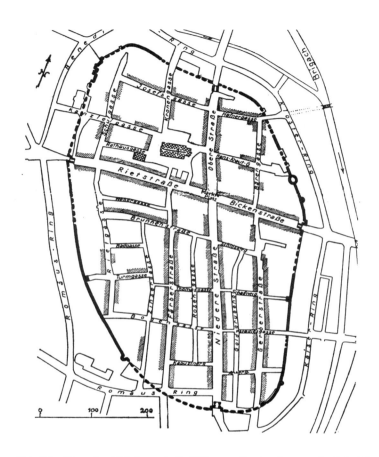

Abb. 71 Plan der Zähringerstadt Villingen; Stadtanlage nach einheitlichem, klar gegliederten Plan im sog. »Zähringer Schema«, wie die anderen Zähringer Stadtgründungen Freiburg, Offenburg, Rottweil oder Kirchheim/Teck zur Stauferzeit. Auch in Durlach/Baden ist dieses Grundschema klar erkennbar (s. Abb. 69).

6
DAS PENTAGRAMM VON KNIELINGEN

> Das Pentagramma macht dir Pein?
> Ei, sage mir, du Sohn der Hölle,
> wenn das dich bannt, wie kamst du dann herein?
> wie ward ein solcher Geist betrogen?
>
> *Goethe, Faust I*

Ausgangspunkt der eigenen geomantischen Studien nördlich und südlich von Karlsruhe in bezug auf die Rheinebene war der Ort Eggenstein (= Eck-Stein), nordwestlich von Karlsruhe am Rhein gelegen, und ein sich um den Stadtbereich von Karlsruhe ergebendes großräumiges Pentagramm, das von verschiedenen heutigen Kirchen und Wallfahrtsorten gebildet wird, wobei den Dorfkirchen von Büchelberg und Eggenstein wohl eine zentrale Bedeutung beizumessen ist. Auf die Unzulänglichkeiten heutiger geomantischer Vermessungen und Zuordnungen muß in diesem Zusammenhang hingewiesen werden, da bei strenger Auslegung geodätischer Vermessungspraktiken Strecken und Winkelfunktionen Abweichungen zeigen.

Das dem Knielinger Dorfwappen zugrundeliegende ungewöhnliche Pentragramm (Druidenfuß), war lange Zeit auslösender Impuls vergeblicher diesbezüglicher geomantischer Studien in der Rheinebene des Karlsruher Raumes. Dabei kam dem Ort Eggenstein = Eckstein von vornherein eine zentrale Bedeutung zu durch die Linienführung der tangential den inneren Zirkel von Karlsruhe (siehe Abb. 72 und Abb. 73) treffenden wichtigen und bekannten Hauptverkehrsstraße Linkenheimer Landstraße; eine eigentümlich irreführende Benennung, da diese Straße primär gar nicht zum weiter nördlich gelegenen Ort Linkenheim, sondern exakt auf die alte Dorfkirche von Eggenstein zielt. Die weniger auffällige Eggensteiner Allee als eine der 32 Radien des Karlsruher Schlußturmes selber zielt zwar auf Eggenstein, nicht aber genau an die – ursprünglich wahrscheinlich bedeutsame – Stelle der heutigen Dorfkirche; wissentliche Unkenntlichmachung alter Strukturen und historischer Tatsachen, wie dieses am Badischen Hof seit etwa 250 Jahren unrühmliche Tradition hat – s. Kaspar Hauser, Förderer von Richtenfels und Straßen-»Fächer«?

Abb. 72   Geomantische Studien im Zentrum von Karlsruhe unter besonderer Beachtung der von Eggenstein kommenden »Linkenheimer Landstraße« (Pfeil). Diese Linie kommt von der Dorfkirche Eggenstein nördlich von Karlsruhe und verläuft über die zentrale Kuppelkirche St. Stephan in Karlsruhe, sowie über die Christkönig-Kirche in Rüppurr und die Herz-Jesu-Kirche in Ettlingen bis ins Kloster von Herrenalb. Auch die anderen geomantischen Linien auf dieser Kartenstudie verlaufen über Kirchen, Kapellen und Obelisken der Stadt Karlsruhe. (Vergleiche Abb. 73.)

Diese erwähnte Linkenheimer Landstraße weist in ihrer weiteren Linienführung über die große Rundkuppel-Kirche St. Stephanus (siehe Abb. 73) ins Zentrum der Stadt und darüber hinaus bis in das bedeutsame Kloster Herrenalb und erhält dadurch eine herausragende Bedeutung als geomantische Ausrichtungslinie für die Stadtgründung Karlsruhes und den inneren Zirkel. Ebenfalls von der Dorfkirche Eggenstein ausgehend, führt eine zweite Linie unter einem

Abb. 73 Luftbildaufnahme des Zentrums von Karlsruhe; deutlich erkennbar ist die ins Stadtzentrum verlaufende und den inneren Zirkel tangierende »Linkenheimer Landstraße« (von Eggenstein kommend), in deren Verlängerung die Kuppelkirche St. Stephan und andere Kirchen liegen. (Freigegeben vom Reg. Präs. Karlsruhe Nr. 210/2034.)

Winkel von 36° (= ein Drittel eines Pentagon-Außenwinkels von 108°, einer kosmologisch bedeutsamen Zahl) zur Linkenheimer Landstraße durch die Knielinger Heilig-Kreuz-Kirche (also nicht durch die das Knielinger Ortsbild prägende bekanntere evangelische Kirche) bis hin zur weit entfernten Wallfahrskirche St. Wendelin in Rastatt-Rheinau. (An dieser Stelle muß angemerkt werden, daß in bezug auf die heutige Beimessung der Bedeutung einer Kirche bzw. ihres markanten Bauwerkes frühere Bedeutungen kultischer Art des *Platzes* nicht in jedem Falle wiedererkennbar sind oder sich entsprechen müssen).

Der für Karlsruhes Stadtgründung bedeutsame Ort Büchelberg liegt wiederum unter einer weiteren Winkelabweichung von 36° von der Knielinger Linie – damit schien das Rätsel einer Pentagramm-Struktur in der Landschaft nach uralter geomantischer Tradition kosmologischer Entsprechungen – Knielingen selber mit seinem Pentagrammwappen einschließend – in den Anfängen gelöst: Ein (annähernd) gleichseitiges Pentagon (Fünfeck) – diese exakte topographische Unzulänglichkeit um teilweise einige hundert Meter ist bekannt und noch nicht restlos gelöst – wird durch die Kirchen von Eggenstein, *Klein*steinbach, den Bismarckstein bei Frauenalb, St. Wendelin in Rastatt und die Dorfkirche in Büchelberg/Pfalz (Buchenberg = vorchristlicher Gottesberg oder Mondheiligtum; vgl. Heinsch[27]) gebildet; diese Orte sind gleichzeitig die Eckpunkte eines eingeschlossenen harmonikalen Pentagramms (Fünfstern), dessen westliche Linien von Knielingen bis St. Wendelin in Rastatt führen. Auf den umschließenden Pentagonlinien liegen darüber hinaus die Dorfkirchen von Hagsfeld (veränderte, christianisierte Hagal = Weltallrune im Ortswappen siehe Abb. 45) und Grötzingen, *Langen*steinbach, Freiolsheim sowie die Wallfahrtskirche St. Margareten bei Kuppenheim. Das eigentliche Pentagramm (Fünfstern) wird nach den harmonikalen Regeln des »Goldenen Schnittes« (siehe Abb. 49), gebildet durch innere Verbindungen der fünf Eckpunkte des Pentagons; dabei schließen die Spitzen des entstehenden Pentagramms jeweils einen spitzen Winkel von 36° ein, die der Pentagon-Ecken 3 × 36° = 108°; die pentagonalen Winkelgesetzmäßigkeiten sind annähernd ideal erreicht, ohne Anspruch auf eine heute nicht mehr nachvollziehbare Vollkommenheit der ursprünglichen Strukturen.

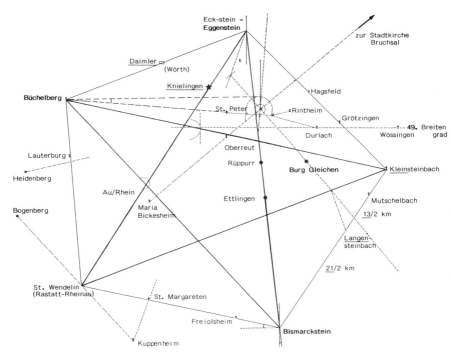

Abb. 74 Das geomantische »Pentagramm« von Karlsruhe/Knielingen. Die möglicherweise megalithischen Ringwallanlagen bei Au/Rhein und Daxlanden sind angedeutet. Dieses Pentagramm wird von einem annähernd gleichseitigen Pentagon (Fünfeck) eingeschlossen, wobei den Orten Büchelberg und Eggenstein eine zentrale Bedeutung zukommt. Knielingen selber mit seinem Pentagramm im Ortswappen (s. Abb. 45) liegt mit einer seiner Kirchen direkt auf einem der Pentragramm-Strahlen.

Auf den inneren Verbindungslinien des eigentlichen Pentagramms liegen einige weitere Kirchen in Orten regionaler Bedeutung und historischer Zusammengehörigkeit zu Karlsruhe; so in Rüppurr und Ettlingen und die Kirche St. Stephanus in Karlsruhe selber, die noch heute mit ihrem runden Kuppeldach und ihrer architektonischen Gestaltung einen nachhaltigen Eindruck auf den Besucher macht, sowie schließlich auch die Heilig-Kreuz-Kirche in Knielingen; ihre unterschiedlich alten Bauten und Dorfgründungen widerspiegeln in der neueren Geschichte lediglich die alten geomantisch bedeutsamen Plätze und Strukturen längst vergessener Zeiten und Menschheitsepochen; so auch der Ort Knielingen (alemannisch-fränkisch Knutlinga) am Rhein mit dem geheimnisvollen Druidenfuß im Dorfwappen – Hinweis für geheimes überliefertes Wissen von den Druidenpriestern aus keltischer oder gar spätatlantischer Zeit oder magischer Schutz der »Sonnenstadt« Karlsruhe vor bösem Zauber. Hinweise für keltische, megalithische oder sogar spätatlantische Bewohner der Rheinebene lassen sich aus den angedeuteten, noch heute erkennbaren, offensichtlich künstlich angelegten Ringwallstrukturen bei Au am Rhein (Federbach, eingeschlossene Anhöhe 108 Meter), dem alten Federbach bei Daxlanden/Grünwinkel sowie im Karlsruher Zirkel selber erkennen.

Die Anhöhe östlich von Au am Rhein – erstaunlicherweise Kreuzungspunkt zweier innerer Pentagrammlinien – scheint in prähistorischer Zeit ein bedeutsames kultisches oder geomantisches Zentrum gewesen zu sein. Noch heute ist in der Wallfahrtskirche Maria Bickesheim in Durmersheim in der *Nord*wand ein kreisrundes Fenster zu sehen, das – geheimem Wissen der Bauhüttentradition und Freimaurer folgend – zu jener uralten Kultstätte nördlich dieser Kirche weist: Ein Sonnen- oder Mondfenster nach dieser Himmelsrichtung ergäbe weder einen religiösen noch architektonischen Sinn.

Bei aller gebotenen Distanz zu geomantischen Strukturen und einer durchaus verständlichen möglichen Überinterpretation der vorgefundenen Gegebenheiten war bei Auffinden des »Knielinger Pentagramms« in den topographischen Abständen der Kirchen und Ortschaften in den benutzten Karten (1 : 50000 und 1 : 25000) das Streckenverhältnis *Klein*steinbach (kleinere Strecke = Minor) zu *Langen*steinbach (größere Strecke = Major) in bezug auf den Bismarckstein (nahe Frauenalb) ein deutliches Indiz für das aus vergangenen Zeiten durchschimmernde Pentagramm und den damit mehrfach enthaltenen Goldenen Schnitt innerhalb des Pentagramms: 34 : 21 bzw. 21 : 13 (halbe Kilometer) erfüllen als Verhältniszahl Phi des Goldenen Schnittes erstmals annähernd die ideale Zahl Phi = 1,619 aus der schon erwähnten Fibonacci-Reihe, die auch der Struktur der logarithmischen Spirale zugrunde liegt.

Eine andere als diese semantische Worterklärung und -ableitung für die beiden aufgeführten Teilorte *Steinbach* ist wenig plausibel und bestenfalls so vordergründig wie sonst übliche Interpretationen etablierter Geschichtswissenschaftler.

7
GEOMANTIE NÖRDLICH VON KARLSRUHE

So wie über die innere Lammstraße vom Schloßturm Karlsruhes aus in 16 Kilometer (= 2 x 8 Kilometer) Entfernung das erwähnte frühere atlantische Sonnenorakel in Form eines heutigen Modellbaues bei Malsch/Rastatt zu finden ist, so läßt sich vom Schloßturm nach Nord-Nord-Ost (NNO) über die Linienführung der heutigen Theodor-Heuss-Allee – also einem weiteren der 32 Strahlen – in doppelter Entfernung von 4 x 8 Kilometern = 32 Kilometer der Ort Malsch bei Heidelberg finden; diese Linie trifft genau den Ort der heutigen Kirche St. Juliana. Dieser Platz muß in früherer Zeit eine ähnliche – heute nicht mehr erkennbare – Bedeutung wie die Stelle bei Malsch/Rastatt gehabt haben, denn von hier aus läßt sich eine gerade Linie durch die Dorfkirchen bzw. Kapellen von St. Leon, Neulußheim (Luß = Lux = Licht?), Altlußheim bis in den Dom von Speyer führen, dessen Bedeutung in bezug auf die salischen Kaiser und die sogenannte Drei-Kaiserdom-Linie später erläutert werden soll.

Abb. 75 Geomantische Studien nördlich von Karlsruhe; Kartengrundlage 1 : 100'000. Hervorzuheben ist die »Cheopspyramiden-Konfiguration« Büchelberg – Schoßturm Karlsruhe – Sonnenorakelort Malsch; die nordöstliche Sonnenpeil-Linie Kloster Maria Bickesheim – Schoßturm Karlsruhe – Stadtkirche Bruchsal – Dorfkirche Zeutern (Zeus Stern?) sowie die halbfett gezeichneten Linien, die genau heutigen Bundesstraßen entsprechen. Teile dieser Karte sind als *Steinkreuzlinien* in Abb. 85 dargestellt.

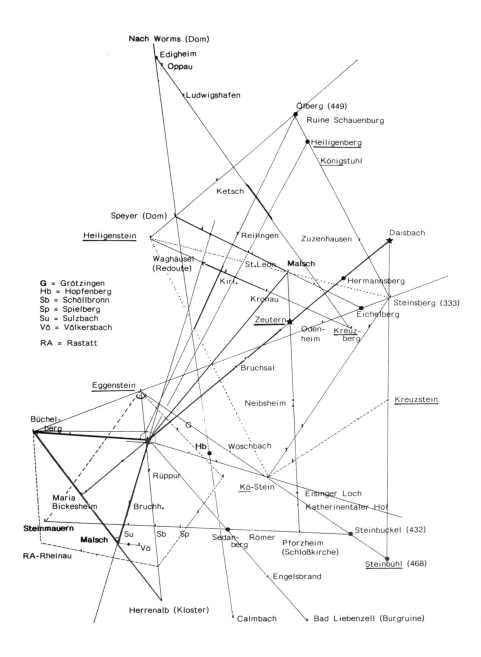

Interessant sind in diesem Zusammenhang auch die Linien Heiligen*stein*, Dom von Speyer, Dorfkirche Ketsch, Ölberg (!) sowie die Linie Heiligen*stein*, Redoute von Waghäusel, Dorfkirchen von Kirrlach und Kronau bis hin zu *Kreuz*berg bei Tiefenbach. Übrigens folgen die in Kirrlach sich senkrecht kreuzenden Linien in weiten Teilen heutigen Bundesstraßen (vgl. die verstärkte Strichführung); die Linie Ölberg – Reilingen – Straßenkreuzung Kirrlach trifft im Karlsruher Zentrum exakt den Punkt Linkenheimer Landstraße (von Eggenstein kommend) großer Zirkel = heutiger Adenauerring – Reste einer alten megalithischen Ringstruktur mit zentralem Kultstein (Menhir/Omphalos?) an der Stelle des heutigen Schloßturmes (von Malsch/Heidelberg führt darüber hinaus eine bedeutungsvolle Linie durch Kirchen und Kapellen von Zeutern = Zeus-Stern?), Neibsheim, das Eisinger Loch (alte kultische Grotte?), den Katharinentaler Hof (Katharer/Tempelritter?) in die Schloßkirche von Pforzheim, in der ein Teil der Zähringer Fürsten des Badischen Hauses in der Krypta beigesetzt ist. Somit ist auch die Pforzheimer Schloßkirche durch eine bedeutsame geomantische Linie über Malsch/Heidelberg mit dem Karlsruher Schloß wie auch mit dem Dom von Speyer in unverkennbarer Weise verbunden. Dieses gilt im übrigen für die meisten bedeutenden Schlösser im nordbadischen Raum: Mannheim, Bruchsal, Karlsruhe, Ettlingen, Durlach, Rastatt und Schwetzingen stehen durch ein Netz geomantisch erkennbarer Linien miteinander in Verbindung.

Die wohl bedeutsamste geomantische Konfiguration in dieser Karte ergibt sich durch die Punkte Schloßturm Karlsruhe, Büchelberg und Malsch/Rastatt (Sonnenorakel, vgl. die verstärkten Linien): eine Dreiecksform, die durch die Seitenwinkel von 51,5° bei Büchelberg und Malsch unverkennbar die Gestalt der universalen Cheopspyramide enthält (siehe kosmischer Maßschlüssel von Heinsch: *ad montem sacrum* = Schnitt der Cheopspyramide). Die Pyramidenspitze *dieses* Dreiecks – der Karlsruher Schloßturm – weist, von der heutigen Wallfahrts-Kirche Maria Bickesheim aus angepeilt, über die Stadtkirche Bruchsal (St. Peter

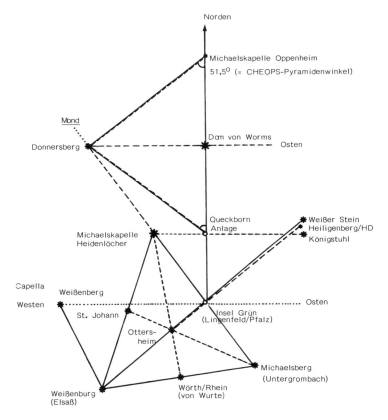

Abb. 76 Geomantische Studien von Kurt E. Kocher mit dem zentralen Ort der »Queckborn-Anlage«. Auch hier erscheint eine geographische »Cheopspyramide« in der Landschaft, mit den geodätischen Punkten Queckborn-Anlage, Michaelskapelle Oppenheim und der »Pyramidenspitze« Donnersberg in der südlichen Pfalz. Weitere bedeutende vorgeschichtliche Kultplätze sind die Orte Weißenburg, die Insel Grün am Rhein bei Lingenfeld sowie Königstuhl und Heiligenberg bei Heidelberg.

und Paul) genau nach Nordosten, dem Aufgang des Zeus-Sternes (Zeutern)!? (Anmerkung: Maria Bickesheim teilt die Strecke Malsch – Büchelberg nicht exakt, steht also nicht senkrecht als Lot vom Schloßturm Karlsruhe auf dieser Linie; eventuell sind Verschiebungen der Streckenverhältnisse durch die voranschreitende Präzession des Frühlingspunktes denkbar.)

Die Pyramiden-Konfiguration in der Landschaft erscheint nur auf den ersten Blick ungewöhnlich. Schon im Jahre 1935 erschien im Selber Tagblatt ein heimatkundlicher Artikel *Entdeckung einer Pyramide im Fichtelgebirge* von Ludwig Schmidt[28] mit dem Untertitel »Ein Sinnmal urarischer Priesterweisheit der Steinzeit«, in dem unter anderen Figuren auch eine »Cheops-Pyramide« abgebildet ist (siehe Abb. 77) – offenbar liegen hier geheimnisvolle und nicht in jeder Beziehung erklärbare Gegebenheiten alter Lichtmeßtraditionen (Mariä Lichtmeß am 2. Februar) an bestimmten festen Tagen des Jahres zugrunde, die in der Frühzeit der Menschheit heilig und verehrungswürdig waren.

Es ist im Zusammenhang mit geometrischen Figuren (pythagoräische und gleichseitige Dreiecke, Hexagramme, Pentagramme und Rauten), die von heutigen Kapellen, Kirchen, Domen und kultisch bedeutsamen Bergen (Michelskapellen, Sternenberge, Drachenfels usw.) gebildet werden, interessant zu erfahren, daß auch bei Kartenstudien durch andere bzw. bei Gesprächen mit diesen ähnliche Erkenntnisse gewonnen werden, so daß schließlich der Eindruck entsteht, die gesamte Kulturlandschaft Europas sei in der aufgezeigten Weise strukturiert und die sei gestaltenden Elemente stünden in inniger Verbindung zueinander.

In diesem Zusammenhang wird auch verständlich, warum die erst im 16. und 17. Jahrhundert durch Europäer besiedelten Räume Nordamerikas und Australiens keine derartigen harmonischen Muster aufzeigen, wie sie die uralten Kulturlandschaften Europas, Asiens und des mittleren

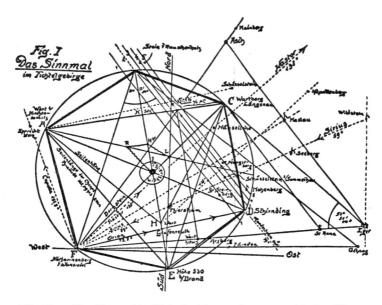

Abb. 77 »Das Sinnmal im Fichtelgebirge«; eine geographische »Cheopspyramide« im Fichtelgebirge in der Nähe der Orte Selb, Schirnding und Thierstein (Zeus-Stein?).

Ostens (Türkei, Syrien, Jordanien) bis heute unübersehbar noch durch ihre durch Jahrtausende gewachsenen kulturellen Strukturen beinhalten. Die Ureinwohner Nordamerikas und Australiens – die Indianer und Aborigines – wußten wohl um die Gesetzmäßigkeiten der Geomantie und lebten und handelten intuitiv danach; jedoch griffen sie in den in sich harmonischen Haushalt der »Heiligen Mutter Erde« nicht oder nur unwesentlich ein und achteten die *Drachenpfade* und *Schlangenlinien* der Erde und nutzten ihre positiven Energiefelder im Zyklus der Jahreszeiten.

Die Geomantie der mittleren Oberrheinebene als wahrscheinlich uralter Kulturlandschaft Europas ist in einer immer wieder überraschenden Weise unvorstellbar vielfältig und in sich schlüssig miteinander verwoben durch deutlich erkennbare Zuordnung vor allem alter Kapellen, Kirchen und Dome aus dem frühesten Mittelalter (»Orte der Kraft« aus germanisch-keltischer Zeit, auf denen sich heute Hochaltäre, Taufbecken sowie Krypten der Adelsgeschlechter und Kaiser befinden; s. *Drei-Kaiserdom-Linie* Speyer – Worms – Mainz). Dieses System geomantischer Zuordnungen ist in die natürlichen Gegebenheiten der Landschaft wie Bergkuppen (s. Belchen-System im Elsaß), Quellen, Grotten (Lurdes-Grotte bei Hagenbach/Pfalz, Eisinger Loch bei Pforzheim) sowie Menhire und Kreuzsteine als uralte Markierungsstellen des Erdkraftfeldes in einer vordergründig nicht erkennbaren Weise eingewoben; erst umfangreiche geomantische Studien offenbaren die geheimen und wirksamen Strukturen der Landschaft und der von Menschen errichteten Bauwerke: Bei einer üblichen Betrachtungsweise von Heimatkarten und topographischen Landkarten fallen diese verborgenen Strukturen durch Autostraßen und Verkehrswege moderner Zeit in keiner Weise auf; die verwirrende Vielfalt von Straßen, Dörfern, Städten und Ballungsräumen (siehe Abb. 78, Heimatkarte) scheint keinem sinnvollen Muster zu entsprechen, es sei denn, dem einer wirtschaftlich oder kulturell effektiven Erschließung durch kürzestmögliche Verbindungswege oder einer Zuordnung von Dörfern und Städten zur optimalen Wasserversorgung in Form von Quellen, Bächen und Flüssen. Bei der Siedlungsgeschichte Europas werden überwiegend diese logistischen Gegebenheiten oder militärstrategische Erwägungen in den Vorder-

Abb. 78   Geomantische Kartenstudie östlich von Karlsruhe. Viele der in Abb. 97 und 108 dargestellten deutschen und europäischen geomantischen Großraumlinien treffen in der Nähe der Orte Stupferich, Kleinsteinbach und Mutschelbach (Muschelbach?) zusammen (s. verstärkten Kreis); u.a. die »Drei-Kaiserdom-Linie« und die »Königsberglinie«. Aufgrund der Großräumigkeit der angesprochenen Linien kann es sich hierbei nicht um eine exakt punktuelle Festlegung handeln. (Kartenmaßstab 1 : 50'000.)

grund von Siedlungsgründungen gestellt. Eine derartige Argumentation entspricht den intellektuell-rationalen Denkkategorien des modernen cartesianischen Menschen, die wenig Raum lassen für ein ganzheitliches, kosmisch-harmonikales Weltbild und -verständnis, wie es den alten Völkern und Menschheitsepochen noch selbstverständlich gewesen ist.

Dieses dürfte auch der wesentliche Grund dafür sein, warum es den meisten Menschen heute so schwer fällt, eine derartige Landschaftsstrukturierung vor Tausenden von Jahren für denkbar und möglich zu halten; wohl auch deshalb, weil die etablierte Geschichtswissenschaft und Anthropologie noch immer ex cathedra lehrt, eine kulturell höher stehende Zivilisation im Laufe der Menschheitsgeschichte sei allenfalls 5 bis 8000 Jahre alt. Abgesehen von den kulturell hochstehenden Stadtkulturen des mittleren Orients (Babylon, Jericho, Jerusalem, Memphis, Theben und andere), setzte nach dieser dogmatisch verbreiteten Lehre eine kulturell hochstehende Entwicklung Mittel- und Nordeuropas erst zur sogenannten Zeitenwende um Christi Geburt ein; bedeutende Stadtgründungen wie die von Köln, Trier oder Basel werden in diese römisch-imperiale Zeit datiert, alle anderen Städte und Siedlungen Europas sind danach jüngeren Datums. Die Kelten sind in diesem Lehrgebäude ein durch Europa vagabundierendes Volk, das »aus dem Dunklen« kam, Germanen, Franken und Sueben Völker und Stämme, die erst durch die römischen Kolonialherren von ihrer »heidnischen« und »barbarischen« Vergangenheit befreit werden mußten – in einem solchen Weltbild und Lehrgebäude ist kein Raum für die Vorstellung, die Völker und Stämme Nord- und Mitteleuropas als die viel *älteren* Träger einer hochentwickelten *Kultur* anzusehen, die mit römisch-imperialer Zivilisation wenig gemeinsam hat (eigentlich eine Abkehr von der kosmisch-harmonikalen Weltordnung und eine damit einhergehende Verweltlichung sakraler Gegebenheiten mit ihren historisch bekannten Folgen; Julius Evola zeigt diese Entwicklung in seinem faszinierenden Buch »Revolte gegen die Moderne« beeindruckend auf).

Symptomatisch für ein derartig verzerrtes Bewußtsein und Verständnis der abendländischen Geschichte ist ein Artikel in der »Naturwissenschaftlichen Rundschau« mit dem Titel *Geometrie vorgeschichtlicher Steinsetzungen*; darin heißt es einleitend: »Die Geometrie der Steinsetzungen bei Carnac bietet immer noch überraschende Aufschlüsse über die Denkweise unserer Vorfahren. In der weiteren Umgebung des großen Naturhafens Morbihan in der Bretagne findet man eine große Menge von Steinsetzungen, deren dichteste Anordnung bei dem kleinen Ort Carnac liegt. Es handelt sich um Menhire (stehende Steine), Dolmen (Steintische, das sind ›Hünengräber‹), Cromlechs (bogen- und kreisförmige Steinsetzungen) sowie bis über hundert Meter lange und auch große runde Grabhügel aus sauber aufgeschichteten und mit Erde bedeckten Steinen. Die größten Menhire stehen einzeln, die übrigen sind als kilometerlange Alleen oder Steinkreise und Hufeisen angeordnet. Der größte Steinkreis Europas liegt bei Kerlescan im Gebiet von Carnac und hat einen Durchmesser von 232 Meter.«[29] (Vgl. die Kantenlänge der Cheopspyramide.)

Nachdem heute genaue Vermessungen aller Monumente vorliegen, hat B.P. Kremer (Universität Köln) die Geometrie der Lage verschiedener Monumente zueinander zahlenmäßig erfaßt. Eine besondere Rolle in diesen steinzeitlichen Vermessungen spielten vor 4 bis 6000 Jahren die größten Menhire, die Dolmen und die hochaufgerichteten Langgräber.

Das Langgrab Manio I ist über einem trapezförmigen Grundriß errichtet, dessen Seiten sich in einer Entfernung von 107 Metern unter einem Winkel von 27° treffen würden. Man kann die Grundlinie dieses Trapezes zu einem großen

Menhir verlängern und vom Schnittpunkt der Geraden durch die Seitenwände eine Linie zu diesem ziehen. Dann ergibt sich ein rechtwinkliges Dreieck mit dem Seitenverhältnis 5 : 12 : 13, was die Bedingungen $a^2 + b^2 = c^2$ von Pythagoras erfüllt ($5^2 + 12^2 = 13^2$). Aus den übrigen Fluchtpunkten dieser Konstellation ergibt sich ein weiteres Dreieck mit dem gleichen Seitenverhältnis und eines von 8 : 15 : 17, das wiederum pythagoräisch ist (siehe Abb. 79).

Da bekannt ist, daß diese Steinsetzungen im Verlaufe von mehreren Jahrhunderten errichtet wurden, müssen die Maße über lange Zeit konstant verwendet worden sein. Man muß sie immer wieder an einem Modell geeicht haben. Die Grabanlagen sowie Kerkado und das zerstörte Le Nignol bilden ein gleichseitiges Dreieck mit einer Seitenlänge von 1.680 Metern (1.680 = 53,6 Pi x 10). Alle diese geometrischen Darstellungen stellen der Logik unserer Vorfahren ein hohes Zeugnis aus. Es gibt aber bisher keine befriedigende Erklärung für die Mühe, die man sich mit der Errichtung

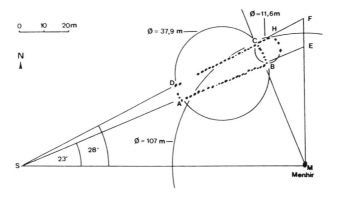

Abb. 79 Plan und Ausmaß der Anlage von Manio I mit über 6 m hohem Menhir (Punkt M) und trapezoidem Quadrilaterium (ABCD). Die in diesem Megalithmonument enthaltenen Streckenabmessungen treten in linearen Abwandlungen bei vielen anderen Steinmonumenten der Region um Carnac auf.

dieser Trigonometrie gab. Alle Bemühungen, in den Steinsetzungen und ihrer Ausrichtung nach den Himmelsrichtungen, die manchmal im Verlauf des Baus plötzlich um einige Grad geändert wurde, Beziehungen zu Ereignissen der Astronomie, der Sonne, des Mondes oder auffallender Sterne zu finden, sind vergeblich geblieben.

Einer traditionsverhalteten Geschichtswissenschaft bleiben die Gesetzmäßigkeiten der Geomantie, die sich aus einem Denken in größerem Radius ergeben, zwangsläufig fremd und damit die Möglichkeit einer Zuordnung der Steinreihen von Carnac zu »Orten der Kraft« als Ausdruck eines kosmisch-harmonikalen Weltverständnisses unzugänglich.

Die Spuren der 4 bis 6000 Jahre alten Megalithkulturen und ihrer genialen, bisher so wenig verstandenen Erbauer sind überall in Europa zu finden: In Carnac, Stonehenge, Malta und Korsika ebenso wie in der südlichen Oberrheinebene mit ihrem Belchen-System, in den Mysterienstätten der Externsteine bei Detmold und den Klus-Felsen im Harz bei Goslar wie in der vielschichtigen Geomantie der mittleren Oberrheinebene um Karlsruhe; sie bezeugen noch heute ihre Existenz und erinnern an ein archaisches Wissen um kosmische und irdische Gesetzmäßigkeiten, das mit den Sonnen- und Jupitermysterien des untergegangenen Atlantis und der weit zurückreichenden Menschheitsepoche der Atlantiden versunken ist und noch schemenhaft herüberwirkt in eine tiefgreifend gewandelte, hochtechnisierte Menschheit, die sich nur vage ihrer eigenen Vergangenheit erinnert.

Beim Erarbeiten geomantischer Strukturen in Form von Linien, Winkelfunktionen oder der Zuordnung topographischer Gegebenheiten der Landschaft erscheint ein zunächst verwirrendes Muster neuer Linien und Konfigurationen, die nicht oder nur selten den üblichen Strukturen von Karten entsprechen (siehe Abb. 98/Gesamtgeomantie Süddeutschlands). Erst nach der Bestimmung dieser neuen Linien und graphischen Muster nach bestimmten Gesetzmäßigkeiten ergeben sich sinnvolle und durchaus formal logische Muster und Zuordnungen, ähnlich wie Kurt Kocher sie in seiner Schrift *Die Teilung von Zeit und Raum*[30] bereits 1983 aufzeigt: Die praktische Berücksichtigung dieser Gesetzmäßigkeiten ermöglicht eine geomantische Erarbeitung jeglichen Kartenmaterials: Besonders geeignet dafür sind topographische Karten (1:25000 bzw. 1:50000) sowie ähnliche Heimatkarten mit den in diesem Zusammenhang zuverlässigen Angaben von Kirchen, Kapellen, Berggipfeln, Steinkreuzen, Flur- und Bergnamen, die oftmals erstaunliche Hinweise und Ableitungen ethymologischer und damit auch siedlungsgeschichtlicher Art erlauben (z.B. Lugenberg = *Lichtberg*; Osterburken = *Ostara-Burg*; Odenheim = *Odinsheim*; Sternenberg, Marsberg, Steinsberg, Heiligenstein usw.; Lüneburg = *Luna-Burg*; Weißenstein = *Weisen-Stein* = *Peilstein*). Im einzelnen handelt es sich dabei um die folgenden Gesetzmäßigkeiten bzw. Regeln geomantischer Studien, die nach einiger Übung zu immer deutlicheren Strukturen führen:

– *Steinkreuzlinien*
– *Namenszuordnung alter Flur- und Bergnamen (Marsberg, Sommerberg, Sternberg und andere)*
– *Dome, Münster und Wallfahrtsorte und ihre Zuordnung*
– *alte Kapellen, Michaelskapellen auf Bergkuppen*
– *Peil- und Ortungslinien entsprechend der »Lichtmeßtechnik« an den festen Tagen des Sonnenjahres (entsprechend ihrer Winkelfunktion); also Sonnenwenden, Tag- und Nachtgleichen, 2. Februar, 30. April/1. Mai (Walpurgisnacht).*

Abb. 80 Geomantische Studien im Raum Nordbachen; verändert nach Johann Heil. Wesentlich sind die Dreieckkonfigurationen Heiligenstein – Eggenstein – Bruchsal; Heiligenstein – Sondernheim – Wiesental sowie das großräumige Dreieck Heiligenstein – Marktplatz Karlsruhe (Pyramide/ *Shamrock?*) – Odenheim (=Odinsheim?). Bei der Verlängerung der gestrichelten Linien handelt es sich in jedem Fall um heutige Bundesstraßen. Im Dom von Speyer findet der achteckige Schloßturm von Karlsruhe seinen geomantischen Anschluß an die *Drei-Kaiserdom-Linie* und an die Schloßanlage von Mannheim.

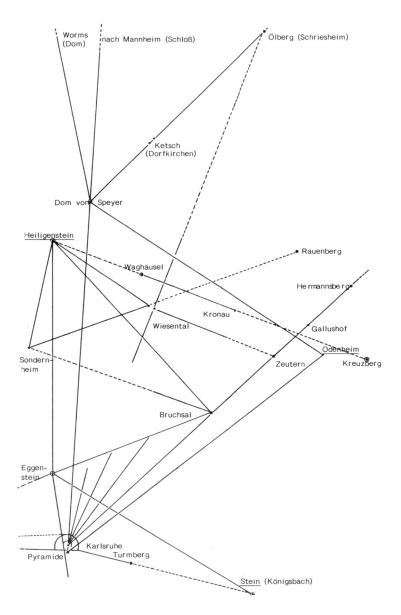

Während meiner langjährigen geomantischen Studien im nordbadischen Raum um Karlsruhe erhielt ich nach diesbezüglichen Vorträgen oftmals spontan alte Landkarten, Heimatblätter und heimatgeschichtliche Aufsätze und Dorfchroniken zugeschickt, die eine reichhaltige Quelle meiner geomantischen Studien sind und waren; für die Zusendung und Überlassung möchte ich an dieser Stelle herzlich danken. Gelegentlich waren auch erste geomantische Kartenstudien dabei, die in einer erstaunlichen Weise belegten, wie universal und gleichsam unerschöpflich geomantische Strukturen in allen Siedlungsgebieten vorhanden sind.

Besonders ergiebig und interessant waren diesbezügliche Kartenstudien des badischen und süddeutschen Raumes von Johann Heil.[30] Ausgangsorte bzw. bedeutsame Stätten dieser geomantischen Studien waren der Dom von Speyer, das Schloß von Karlsruhe sowie die Orte bzw. Kirchen von Bruchsal, Odenheim und Eggenstein bei Karlsruhe sowie andere kleinere Ortschaften mit zum Teil hochbedeutsamen Wallfahrtskirchen.

Bei der Zuordnung dieser verschiedenartigen Orte und ihrer bekannten geschichtlichen Gegebenheiten ergaben sich – wie sehr häufig feststellbar – Dreieckskonfigurationen von pythagoräischen oder gleichseitigen bzw. gleichschenkligen Dreiecken (siehe Stonehenge / Karlsruhe-Märchenring). So läßt sich – ausgehend von Heiligen*stein* bei Speyer – ein flaches gleichschenkliges Dreieck (11,5 Kilometer Seitenlänge) mit Kirchen bzw. Kapellen in Sonderheim und Wiesental bilden; in Wiesental selber führt die lange Hauptstraße entsprechend englischer Tradition der »Ley-Lines« direkt auf eine kleine Wegkapelle an einer Straßenkreuzung zu. Wiederum von Heiligenstein läßt sich ebenfalls ein zweites gleichschenkliges Dreieck (23 Kilometer Seitenlänge = 2 x 11,5 Kilometer; s. Wiesental) zum hochbedeutsamen Ort Eggenstein = *Eck-Stein* bei Karlsruhe und zum alten Stadtturm von Bruchsal bilden (siehe Abb. 80).

Zwischen den geomantisch bedeutsamen Orten Dom von Speyer, Odenheim (Odinsheim/Kirche) und dem Karlsruher Marktplatz mit Pyramide läßt sich ein weiteres großräumiges gleichschenkliges Dreieck bilden (Seitenlänge Speyer – Karlsruhe = 34,5 Kilometer) mit der Basisstrecke Speyer – Odenheim (29,5 Kilometer) (s. Abb. 80). Kommt mit dieser Konfiguration die Bedeutung der Plätze Speyer, Odenheim und Karlsruhe zum Ausdruck – Karlsruhe mit seinem Marktplatz und jener Stelle, auf der heute die berühmte Pyramide als Wahrzeichen der Stadt steht und von der Walter Haug annimmt, hier habe in megalithischer Zeit innerhalb eines riesigen Kreises (heute Zirkel um das Schloß; siehe Abb. 105, Nordpersien als Vergleich) ein *Shamrock*, ein Sonnenscheinfelsen mit kultischer Bedeutung, gestanden?

8
GEOMANTIE SÜDLICH VON KARLSRUHE

Auffällig an dieser geomantischen Studie im nördlichen Schwarzwald südlich von Karlsruhe zwischen Baden-Baden in der Rheinebene und der Linie Pforzheim-Nagold (Burgruine Hohennagold) ist die zentrale Lage des Klosters Herrenalb (siehe Abb. 81): Ähnlich den beiden Diagonalen NO/SW und NW/SO (linienverstärkt) eines großräumigen Rechtecks (die etwa den Sonnenextrempositionen zur Sommer- bzw. Wintersonnenwende entsprechen) strahlen sternförmig vom Kloster Herrenalb Linien zu geomantisch wichtigen und bedeutsamen Stätten in der Rheinebene (atlantisches Sonnenorakelzentrum Malsch/Modellbau, Wallfahrtskirche Maria Bickesheim in Durmersheim und zum alten »Mondheiligtum« Büchelberg in der Pfalz); nach Süden verlängert, erfolgt eine Peilung über einen »Königsberg« im Schwarzwald, die Dorfkirchen von Neuweiler, Ebershardt (viele Ortsnamen, Burgen und Schlösser in Süddeutschland beinhalten das Wort *Eber*... z.B. *Eber*steinburg, Hauen*eber*stein und Schloß *Eber*stein – alle bei Baden-Baden; auch im fränkischen Raum bei Nürnberg und Coburg sind derartige Namen häufig zu finden) und Eb(er)-hausen zur Burgruine Hohennagold, weiter zum Steinberg bei Nagold, einer kleinen Kapelle und schließlich bis zu einem Kloster – eine geradezu klassische geomantische Linie mit allen bedeutsamen Elementen derartiger frühzeitlicher Siedlungsgeschichte – auch wenn die heute darauf befindli-

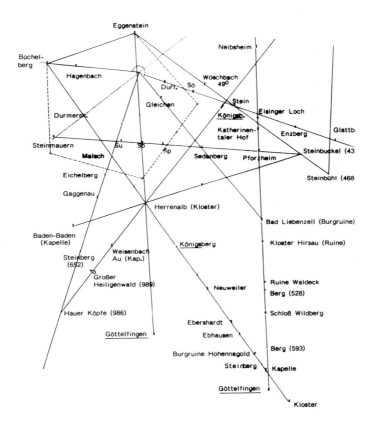

Abb. 81 Geomantische Studien südlich von Karlsruhe bzw. im Nordschwarzwald. Neben den bekannten Linien um Karlsruhe sind hier erwähnenswert die in annähernder Nord-Süd-Richtung parallel verlaufenden Linien, die ihren Anfang jeweils in den Dorfkirchen von Göttelfingen finden. Die westliche dieser beiden Linien verbindet den zentralen Ort des Klosters von Herrenalb mit der Dorfkirche von Eggenstein (s. Abb. 72 und 73), die östlich verlaufende Linie verbindet Burgen und Klöster im Nordschwarzwald (Wildberg, Waldeck, Hirsau, Liebenzell) mit Pforzheim und Zeutern. Von besonderer Bedeutung scheint das Kloster Herrenalb als »Ort der Kraft« zu sein: Die diagonal durch das Kloster verlaufenden Linien verbinden Büchelberg über den »Königsberg« im Nordschwarzwald mit der Burgruine Hohennagold, die andere verbindet den »Großen Heiligenwald« über die Kapelle Weisenbach mit dem alten Wasserschloß in Königsbach/Stein.

chen Gebäude und Ortschaften viel jüngeren und unterschiedlichen Datums sind.

Die andere auffällige Diagonale durch das Kloster Herrenalb kommt von den hochaufragenden Hauer-Köpfen (986 Meter) im nördlichen Schwarzwald, verläuft durch einen »Großen Heiligenwald« (möglicherweise eine Ritualstätte) in etwa gleicher Höhe, südwestlich vom Kloster Herrenalb durch eine Kapelle in Weisenbach (Weisen = Peilung) und nordöstlich in Richtung zum Sonnenaufgang der Sommersonnenwende durch Schloß und Kirche des Ortes Königsbach/Stein, der sowohl in bezug auf die Geomantie der Stadt Karlsruhe als auch hinsichtlich der von mir sogenannten Königslinie quer durch Deutschland eine besondere Bedeutung zukommt (vgl. Kapitel 10, Süddeutsche geomantische Großraumlinien, Abb. 97).

Zwei auffällige Linien verlaufen annähernd parallel in einer geringen Winkelabweichung (4°) zur Nord-Süd-Achse, die westliche davon durch den sternförmigen Schnittpunkt, der vom Kloster Herrenalb gebildet wird; diese Linie ist die für die Karlsruher Gegebenheiten wesentliche Linienführung Eggenstein (= Eck-Stein), Linkenheimer Landstraße, *innerer* Zirkel von Karlsruhe (also vorbei am Schloßturm, siehe Abb. 72) über die Kirchen von Rüppurr und Ettlingen und Schöllbronn, durch das Kloster Herrenalb bis in die Dorfkirche von *Göttelfingen*. Eine merkwürdige semantische Parallelität zu diesen wenig bekannten Ortsnamen im Schwarzwald ergab sich durch die annähernd parallel verlaufende Vertikale Zeutern/Neibsheim bis zu einem gleichlautenden Ort (Kirche) *Göttelfingen* bei Nagold; diese Linie führt durch das Eisinger Loch (Kultgrotte?), den Katharinentaler Hof (Katharer-Siedlung?) bei Pforzheim, die Schloßkirche von Pforzheim selber (Gruft der Zähringer Fürsten; siehe Karlsruhe/Baden), bis zu bedeutsamen Burgen und Orten südlich von Pforzheim: Der Burgruine Bad Liebenzell, der Klosterruine Hirsau (Lehenskloster und damit Keimzelle vieler badischer Siedlungen der neueren Geschichte), der Burgruine Waldeck, Schloß Wildberg und schließlich zur Dorfkirche des westlichen *Göttelfingen*. Durch die auf beiden Linien liegenden geomantisch und siedlungsgeschichtlich bedeutsamen Orte Eggenstein (bei Karlsruhe) und Herrenalb sowie die Fülle wichtiger Burgen, Klöster und Schlösser auf der östlichen Linie kann ein »Zufall« ausgeschlossen werden. Der tiefere Sinn der gleichlautenden Ortsnamen als Endpunkt dieser geomantisch wichtigen Linien kann in einer religiöskultischen Verehrung der Götter der Frühzeit begründet gewesen sein von »Orten der Kraft« aus unter Anpeilung eines Nordgestirns – Stationen des Weges genau nach Norden waren weitere »Stätten der Verehrung«, die ihre noch heute sichtbaren Spuren in Form von Klöstern, Burgen oder Schlössern hinterlassen haben; ihre wirkliche ursprüngliche Bedeutung bleibt im Dunkeln einer Jahrtausende alten Siedlungsgeschichte verborgen.

Erwähnenswert im Zusammenhang mit Karlsruhes Stadtgründung im Jahre 1715 ist die Linie Burgruine Liebenzell – Burg Gleichen – Schloßturm Karlsruhe, die exakt die östlich verlaufende und den »Fächer« begrenzende Waldhornstraße anpeilt. Im rechten Winkel zu dieser Linie verläuft die westliche Waldstraße (s. Abb. 81), die der Peillinie Wallfahrtskirche Maria Bickesheim (Durmersheim) – Schloßturm Karlsruhe – Stadtkirche Bruchsal (St. Peter und Paul) bis Zeutern (= Zeus-Stern? = Jupiter?) entspricht – geheimnisvolle Lichtmeßtechnik und Wiederspiegelung kosmisch-harmonikaler Gegebenheiten auf der Erdoberfläche in einer für uns moderne Menschen unbegreiflichen Präzision und Vollkommenheit! Von einer Kapelle außerhalb von Baden-Baden führt eine Linie in nordöstlicher Richtung durch das Kloster Herrenalb, die Burgruine Straubenhardt (= Schnittpunkt zur Linie Liebenzell – Durmersheim!) bis zum Steinbuckel östlich von Pforzheim. Die hier anschließenden »Steinkreuzlinien« des nordbadischen Raumes werden im folgenden Kapitel ausführlich dargestellt.

9
STEINKREUZLINIEN UND ECK-STEINE

Über ein indisches Grundsteinritual heißt es bei John Michell[31]: »Noch ehe die Maurer den ersten Stein legen, zeigt ihnen der Astronom, an welcher Stelle er hinkommen soll. Angeblich liegt diese Stelle dann genau über der Schlange, die unser Weltgebäude trägt. Der Maurermeister spitzt einen Stock zu und rammt ihn genau an der angezeigten Stelle in den Boden, um damit den Kopf der Schlange in der Erde zu fixieren. Dann erst wird der Grundstein über der Schlange gelegt. Der Eckstein befindet sich jetzt genau im Mittelpunkt der Welt.«

Beim aufmerksamen Studium von Landkarten (Maßstab 1:50 000 bzw. 1:12 000) – vor allem älterer Heimatkarten – fallen häufig Orts- und Flurnamen, Bergspitzen sowie andere topographische Gegebenheiten auf, die Begriffe wie Stein, Kreuz, Horn, Stock, Eck und Heilig oder deren Zusammensetzungen enthalten: Eggen (Ecken-)stein, Langensteinbach, Weißen (= Weisen = Richtungs-)stein, Kreuzberg, Steinsberg, Kreuzstein, Heiligenstein und schließlich – dreifach überhöht – Heiligenkreuzsteinach bei Heidelberg oder Hornegg, Habichegg, Steinbuckel, Steinbühl, Stockach und viele anderen Namen dieser Art. Nach den grundlegenden Forschungsarbeiten von Richard Fester (*Protokolle der Steinzeit*[32]) liegen derartige Orte nach bestimmten Gesetzmäßigkeiten auf Linien und schließlich sogar auf Gitternetzstrukturen, die weiträumig die Landschaft überziehen und in bestimmten Winkelabweichungen (9°) zur Nordrichtung ausgerichtet sind (Abb. 82); ausführlich berichten darüber R. Fester und für den Karlsruher Raum K. Maier[33], der auch Vermutungen über ihren kulturhistorischen Ursprung und ihre genialen Konstrukteure unternimmt. Auf den Kreuzungspunkten derartiger (auf der Karte konstruierbarer) Liniengitter befanden sich häufig wichtige frühzeitliche Kultzentren, auf denen noch nach jüngerer Zeit Kapellen, Kirchen und Kaiserdome errichtet wurden, oftmals in den gleichen Überlieferungen der Bauhüttentradition in bezug auf Ausrichtung des Gebäudes, Sonnenfenster und Hochaltäre auf geomantisch bedeutsamen Punkten.

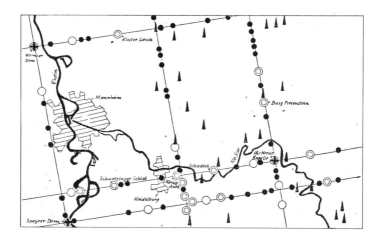

ZEICHENERKLÄRUNG
▲ Namen mit Stein, Eck, Horn, Stock
● Wegkreuze
◎ Wichtige Kreuzungspunkte und GATT o. KALL-Namen
○ Ortsmitten

Abb. 82 *Steinkreuzlinien* im Raum Speyer/Heidelberg.

Im Raum Karlsruhe, besonders aber im Kraichgau und im nordbadischen Raum um Heidelberg (= Heiligenberg / Heidenberg?), sind viele Orte mit derartigen aufgeführten Namensgebungen zu finden; bei näherer Betrachtung und unter Zugrundelegung bestimmter Gesetzmäßigkeiten lassen sich alte geomantische Strukturen auch aus modernen Karten herauskristallisieren. Die hier vorgestellten »Steinkreuzlinien« folgen nicht in jedem Fall den streng umrissenen Gesetzmäßigkeiten, wie Fester sie aufzeigt, sind aber in ihrer geomantischen und geschichtlichen Aussagekraft deshalb nicht weniger faszinierend – oft sogar in ihrer heute noch nachvollziehbaren Straßenlinienführung völlig ungewöhnlich im Zusammenhang erkennbar.

Abb. 83 Burgruine Steinsberg bei Sinsheim/Kraichgau.

Die Burg wurde 1109 erstmals erwähnt. Es handelt sich um einen freistehenden, achteckigen Bergfried von 30 m Höhe. Burg Steinsberg ist ein bedeutender Bezugspunkt vieler »Steinkreuzlinien« im nordbadischen Raum. (Vgl. dazu die Karte auf Seite 133 und die in der Karte auf Seite 159 eingezeichneten »Steinkreuzlinien« und »Steinkreuz-Dreiecke«.)

Abgesehen vom Pentagon mit seinen Orten Eggenstein, Kleinsteinbach und Langensteinbach (siehe Abb. 74), gibt es eine Fülle anderer geometrischer Figuren und Linienführungen, die durch Orte mit den Begriffen Stein und Kreuz gebildet werden, lokal begrenzt genauso bedeutsam wie großräumig über einige 100 Kilometer (vgl. Kapitel 10, *Süddeutsche Geomantische Großraumlinien*). Nördlich von Karlsruhe fällt ein großes Dreieck auf (siehe Abb. 85), das durch die Orte (jeweils Kirchen bzw. Kapellen) Eggenstein, *Steinsberg* (333 m mit Kapelle) bei Sinsheim und Steinbühl (468 m) *südöstlich* von Pforzheim gebildet wird. Dieses Dreieck wird bei *Stein*/Königsbach annähernd halbiert; außerdem führt von der Kirche in Stein eine Linie (gestrichelt) durch die alte Dorfkirche von Nußbaum zum *Kreuzstein* (303 m) bei Zaberfeld, vorbei am Ort Sternenfels. Zwischen Steinbühl und Stein (Königsbach) befindet sich auf dieser Linie noch der *Steinbuckel* (432 m); von diesem Berg führt eine Linie durch die Schloßkirche von Pforzheim (Gruft der Zähringer Fürsten!) über den Römer- und Sedanberg, durch die Orte (Kirchen) Spielberg (= Spiegelberg!), Schöllbronn und Sulzbach zu einer Kapelle in *Stein*mauern bei Rastatt. Von Steinmauern läßt sich eine Linie nach Eggenstein ziehen, womit ein weiteres bei Eggenstein dann rechtwinklig-pythagoräisches Dreieck gebildet wäre – eine trigonometrische Vermessungstechnik, die wahrscheinlich auf die Ägypter und in deren Folge auf die Griechen zurückzuführen ist.

Wiederum von Eggenstein – dem fast alles bestimmenden *Eck-Stein* im Karlsruher Raum – führt eine *Steinlinie* über die Kirche von Odenheim (früher germanisch Odinheim?), einen Turm beim Stifterhof und den Eichelberg (324 m; häufig Peilberge) zur Kapelle auf dem Steinsberg bei Sinsheim. Von diesem weithin sichtbaren Berg bei Steinsfurt (siehe Abb. 83) lassen sich zwei weitere *Steinkreuzlinien* bilden; die eine führt über eine Kapelle in Hoffenheim und das Schloß von Zuzenhausen über den Königsstuhl (566 m) bei Heidelberg und weiter zur bekannten keltisch-germanischen Thingstätte Heiligenberg bis zur Burgruine Schauenburg am Fuß des Ölbergs (449 m). Die zweite *Steinkreuzlinie* verläuft in nordwestlicher Richtung über die Kirche beim Schloß Angelbachtal, die Dorfkirche von Rettigheim und die in anderem Zusammenhang erwähnte bedeutsame Kirche St. Juliana in Malsch/Heidelberg bis in die Wallfahrtskirche *Heiligenstein*. Von dieser läßt sich eine das Großdreieck ergänzende Linie durch den salischen Kaiserdom von

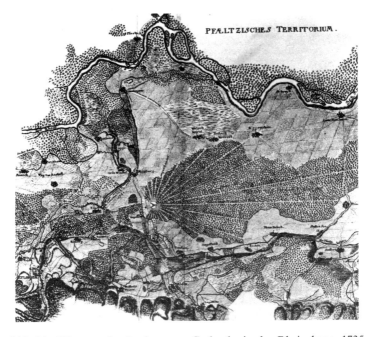

Abb. 84 Die neue Stadtanlage von Carlsruhe in der Rheinebene, 1735. Deutlich erkennbar die Ausrichtung der radiären Straßen um den Schloßturm zu Dorfkirchen im nordbadischen Raum sowie deren Verbindungen untereinander nach den Gesetzmäßigkeiten der in England so genannten »ley-lines«.

Speyer, Kirche und Kapelle in Ketsch (die Hauptstraße folgt dieser Linienführung) bis zum Ölberg bei Dossenheim ziehen (s. Abb. 85).

Damit wurden im nordbadischen Raum insgesamt drei erkennbare »Steinkreuz«-Dreiecke aufgezeigt, die über Eggenstein und Steinsberg miteinander in geheimer Verbindung stehen; viele bedeutsame Kult- und Weihestätten verschiedener Kulturepochen sind somit in ein fein gewobenes Netz geistiger Beziehungen verknüpft, das dem oberflächlich sehenden Beobachter nicht erkennbar ist und daher oftmals nicht akzeptabel erscheint (siehe Abb. 84).

Schließlich sollen noch zwei geradezu »klassische« Steinkreuzlinien aufgezeigt werden, die es auch dem kritischen Skeptiker schwer machen, derartige geomantische Strukturen in der Landschaft zu »übersehen« (siehe Abb. 85). Zum einen die Linie *Kreuzberg* bei Tiefenbach über die Kirchen von Kronau und Kirrlach sowie die sechstürmige Redoute Waghäusel bis zur Wallfahrtskirche *Heiligenstein* bei Speyer; diese Linie folgt von Kronau bis Waghäusel heute einer schnurgeraden Bundesstraße, die in Kirrlach sogar im *rechten Winkel* eine weitere Bundesstraße kreuzt (verstärkte Linienführung), die geradenwegs von Reinlingen (Kirche) bis Neudorf und weiter nach Graben (Kirchen bzw. Kapel-

Abb. 85 »Steinkreuzlinien« im nordbadischen Raum; der Zirkel von Karlsruhe ist durch den Ort Eggenstein eingeschlossen. Hier in Eggenstein (= Eck-stein) ergibt sich mit den Orten (Dorfkirchen) Steinmauern am Rhein und dem Berg Steinbuckel bei Pforzheim ein rechtwinkliges »Steindreieck«. Ein gleichschenkliges Dreieck wird durch die topographischen Punkte Eggenstein, Steinbühl und Steinsberg (s. Abb. 83) gebildet, wobei die Dorfkirche von Stein (Königsbach) dieses Dreieck annähernd halbiert. Ein zweites rechtwinkliges Dreieck bei Kreuzstein ergibt sich in bezug auf Eggenstein und den Berg Steinbühl. Weitere bemerkenswerte »Steinkreuz-Dreiecke« lassen sich durch die Orte Heiligenstein, Eggenstein und Steinsberg, Heiligenstein, Kreuzberg und Eggenstein bilden, sowie schließlich Heiligenstein, Heiligenberg und Steinsberg. »Zufälligkeiten« sind durch die Namensgebung sowie den Einschluß anderer bedeutender Orte (Odenheim, Kronau, Malsch) nicht gegeben.

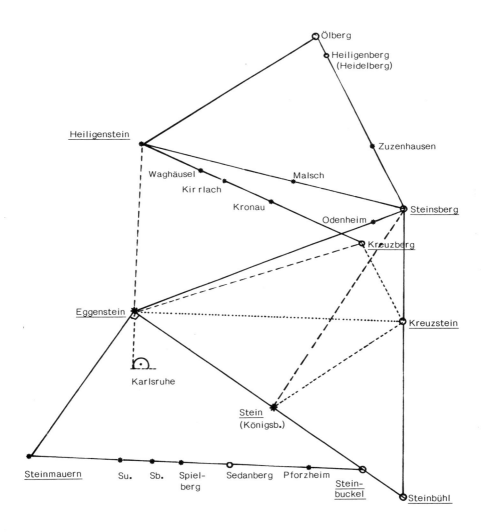

Su. = Sulzbach (Malsch)
Sb. = Schöllbronn
Spielberg = ursprünglich »Spiegelberg«

len an dieser Straße) und deren Gesamtlinienführung vom Ölberg bis Dossenheim bis ins Zentrum von Karlsruhe führt: Hier trifft diese von Norden kommende Linie den bedeutsamen Straßenschnittpunkt Linkenheimer Landstraße (von *Eggen*stein kommend)/Adenauerring.

Eine ähnliche *Steinkreuzlinie* gibt es im Raum nördlich von Heidelberg (siehe Abb. 86): Sie führt von *Heiligenkreuzsteinach* über *Steinbachtal* am Main (vorbei am berühmten Schloß Mespelbrunn im Spessart), die Ortschaft *Heiligenkreuz* bis zum Kloster *Kreuzberg* beim gleichnamigen Ort an der Rhön (insgesamt ca. 125 km Luftlinie) – geheimnisvolle und zunächst unerklärbare Verbindungen, die sich einer rationalen Deutung und Wertung entziehen.

Anschließend soll – dem folgenden Kapitel vorgreifend – noch eine großräumige *Steinkreuzlinie* aufgeführt werden, die von Aachen bis ins bayerische Allgäu führt; auf dieser Linie liegen bedeutende Dome (Aachen), Wallfahrtskirchen (Zwiefalten und *Stein*hausen) sowie weit über die regionalen Grenzen bekannte Berge und Burgen (siehe Abb. 93): Diese Linie kommt vom Aachener Kaiserdom, führt durch den Ort *Stein*ingen und über die Burgruine *Steinkallenfels* bei Kirn (*Kall* = Loch- und Peilstab), die keltische Kultstätte *Kal*mit (583 m) bei St. Martin in der Pfalz (der Elmstein in der Nähe weist auf die als »Elmsfeuer« = Irrlichter bekannten Erdenergien hin), weiter über *Eggenstein* und den Turmberg in Karlsruhe, die Burgruine Wilferdingen bei Remchingen, vorbei am Zisterzienserkloster Bebenhausen bei Tübingen, über die berühmte Burg *Lichtenstein* (!) bei Reutlingen durch die Klosterkirche von Zwiefalten, neben der dann folgenden Wallfahrtskirche von *Stein*hausen bei Bad Schussenried eine der schönsten Barockkirchen Süddeutschlands, schließlich durch das kleine Dorf *Stein* bei Immenstadt bis zum Ort Habich*egg* am Fuße der Allgäuer Alpen. Gerade das Auffinden der mir bis dahin unbekannten, aber wohl schönsten Barockkirche von *Stein*hausen, einer in einem

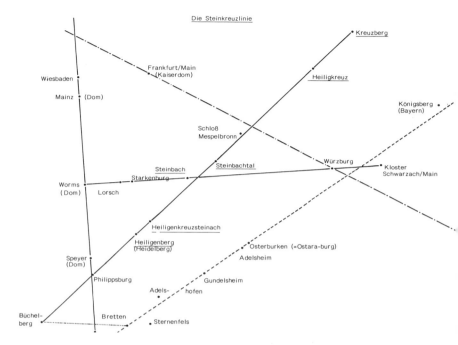

Abb. 86 Großräumige *Steinkreuzlinie* in Süddeutschland: »Mondheiligtum« Büchelberg – Philippsburg und dann in Folge Heiligenberg (Heidelberg) – Heiligenkreuzsteinach – Steinbach (westlich auf der *Siegfried-Linie*) – Steinbachtal – Heiligkreuz – Kreuzberg. Die für diese Linie infrage kommenden Ortsnamen sind unterstrichen. Außerdem sind im Zusammenhang mit dieser *Steinkreuzlinie* andere bedeutsame geomantische Großraumlinien in Süddeutschland eingezeichnet: Die *Siegfried-Linie* Worms – Würzburg – Bayreuth; die *Drei-Kaiserdom-Linie* Speyer – Worms – Mainz; die *Königslinie* von Hochkönigsburg im Elsaß über Königsberg in Bayern nach Königsberg in Preußen sowie die *Nornenlinie* des deutschen Volkes Aachen – Frankfurt – Würzburg – Nürnberg.

Dorfflecken von nur wenigen Häusern unübersehbar großen und auch bekannten Wallfahrtskirche (siehe Abb. 17) war ein erfreulicher Aspekt geomantischer Linienfindung: Dieses *sind* »Orte der Kraft«, wie Blanche Merz sie in ihrem gleichnamigen Buch zu Recht nennt.

10
SÜDDEUTSCHE GEOMANTISCHE GROSSRAUMLINIEN

Beim Erarbeiten geomantischer Strukturen, Linien und topographischer Gegebenheiten in den verschiedenen Land- und Heimatkarten läßt sich immer wieder feststellen, daß die ihnen zugrundeliegenden Gesetzmäßigkeiten nicht nur geodätischer Natur im Sinne von Fester, Watkins und anderen Forschern sind; Nigel Pennick schreibt völlig zu Recht, »viele Aspekte der Geomantie mögen, oberflächlich gesehen, den Anschein erwecken, kaum mehr als praktische Maßnahmen einer optimalen Wasserversorgung zu sein oder die beste Sonneneinstrahlung sicherzustellen. Aber die Angelegenheit nur als eine frühe Form der Städte- (und Landschafts-)Planung oder des Landbaues anzusehen, hieße den springenden Punkt verfehlen, indem man ihn durch die Augen der modernen technologischen Welt betrachtet. – In der Geomantie wurde die Welt als ein Kontinuum wahrgenommen, in dem alle Vorgänge – natürliche und übernatürliche, bewußte und unbewußte – auf subtile Art verknüpft waren, einer mit dem nächsten.[34] Die Welt ist also als ein »kompliziertes Gewebe von Vorgängen, in denen sehr verschiedene Verknüpfungen sich abwechseln, sich überschneiden und zusammenwirken und in dieser Weise schließlich die Struktur des ganzen Gewebes bestimmen« – so Werner Heisenberg.[35] Wie er sind und waren viele bedeutende Naturwissenschaftler der Gegenwart und der Vergangenheit bereit, metaphysische Komponenten in eine

Abb. 87 Verbindungslinien vorgeschichtlicher Stätten, abgeleitet vom Wort »Alesia« (Eleusis). Die Linie Lissabon – Prag entspricht der Sonnenaufgangspeilung am 30. April/1. Mai (= Walpurgisnacht); ihr Verlauf hat eine wesentliche Bedeutung bei der sogen. »Lichtmeßtechnik« vorgeschichtlicher Kulturepochen.

Weltinterpretation als selbstverständlich mit einzubeziehen – sie denken ganzheitlich.

Unter derartigen Aspekten ist es sicherlich zulässig, bei geomantischen Forschungen neben bekannten geodätischen Gesetzmäßigkeiten auch solche der Kulturgeschichte und

163

Geisteswissenschaften hinzuzuziehen: Erst dann eröffnen sich völlig ungeahnte Perspektiven der Geschichtsforschung von Landschaften, Völkerstämmen und Kulturgemeinschaften. – Bei ersten diesbezüglichen Arbeiten an weiträumigem Kartenmaterial fiel auf, daß vor anderen zwei Hauptrichtungen von Linienverknüpfungen möglich waren, die auch Walter Machalett in seinen gründlichen geschichtlichen Studien der sogenannten Lichtmeßtechniken aufführt; insbesondere in seinen wohl zentralen Werken *Lichtenstein* und *Externsteine*. Dieses sind die zum Breitengrad unter etwa 45° bzw. 135° laufenden Linien NO-SW bzw. NW-SO, wie sie bereits 1936 der französische Philologe Xavier Grichard in einer Veröffentlichung über Verbindungslinien vorgeschichtlicher Stätten, die von dem Wort »Alesia« (von griech.: *eleusis;* vgl. die Eleusinischen Mysterien) abgeleitet werden können, darstellte[36] (siehe Abb. 87).

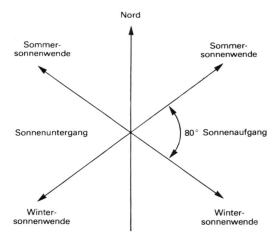

Abb. 88 Mond und Sonne im Jahreslauf, bezogen auf Stonehenge. Die aufgezeigten Winkelpositionen der beiden Extremstellungen der beiden Himmelskörper treten unter entsprechenden geringen Breitengradabweichungen auch bei ähnlichen »Lichtmeßsystemen« (z.B. dem »Belchensystem im Südschwarzwald oder dem »Märchenring« in Karlsruhe-Rüppurr) auf.

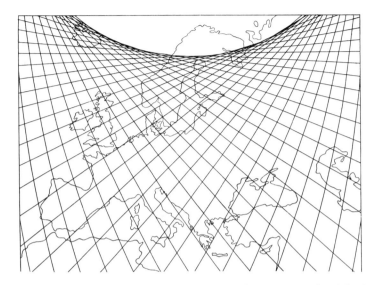

Abb. 89 Kurven gleichzeitiger Sonnenauf- und untergänge über Mitteleuropa in bezug auf die Sonnen-Extremstellungen Sommer- bzw. Wintersonnenwende. Diese Linien verdeutlichen die Beziehungen frühzeitlicher Lichtmeßtechniken zum Jahres-Sonnenlauf.

Diese Linien entsprechen in ihren Winkelfiguren zur geographischen Breite in etwa den Kurven gleichzeitiger Sonnenauf- bzw. -untergänge über Europa (siehe Abb. 88) und damit den Sonnenauf- bzw. untergangspositionen vom Ort der Peilung aus an bestimmten »Lichtmeßtagen« wie zum Beispiel Sommer- und Wintersonnenwende bzw. anderen kultisch und astronomisch bedeutsamen Tagen. Berühmtestes Beispiel für derartige Peilungen und Messungen im mitteleuropäischen Raum sind Stonehenge und die damit zusammenhängenden Orte im Südwesten Englands (siehe Abb. 89 bis 92). Zwei derartige Linien kreuzen sich östlich von Karlsruhe etwa im Raum Söllingen – Stupferich –

Kleinsteinbach – Königsbach (eine exakte Festlegung ist aufgrund der großräumigen Strukturen und unterschiedlichen Karten mit Schwierigkeiten verbunden); viele weitere zentrale Linien aus dem südwestdeutschen Raum laufen offensichtlich im Karlsruher Gebiet zusammen (siehe Abb. 93). Die genannten fast im rechten Winkel sich kreuzenden Linien sind im einzelnen:

Die *Königsberglinie* (Richtung SW - NO) von Hoch*königs*bourg im Elsaß nach *Königs*berg in Ostpreußen; diese Linie tangiert auffällig viele Orte mit Adels- und Fürstennamen und zwar von Südwesten (SW) nach Nordosten (NO) in folgender Reihenfolge: Hoch*königs*bourg im Elsaß, *Königs*bach/Stein, *Adels*hofen bei Eppingen,, *Adels*heim bei Osterburken (germanisch: Ostara-Burg), *Königs*hofen bei Bad Mergentheim, *Königs*berg in Bayern (bei Haßfurt), dem Lichtenstein und der Veste Coburg und schließlich weit im Nordosten *Königs*berg in Ostpreußen (heute Kaliningrad) als offensichtlicher Endpunkt dieser Linie an der Ostsee. Machalett beschreibt diese Linienführung ausführlich in seinem Buch *Lichtenstein*[37] (bei Coburg in Bayern) und weist auf die Zusammenhänge *Azimut*/Sonnenaufgang zur Sommersonnenwende im Nordosten bzw. dem Monduntergang zur Wintersonnenwende im Südwesten von Burg Lichtenstein (Bayern) hin. In Anlehnung an seine Ausführungen in dem Buch *Externsteine*[38] ließe sich auch diese beschriebene Linie »Weg der Weihegesandten« bezeichnen im Zusammenhang mit der Sonnen- bzw. Mondverehrung der eingeweihten Priester, Fürsten und *Könige,* die auf diesen Wegen Station an geweihten Orten machten, die noch heute – unwissentlich aus den Tiefen abendländischer Geschichte – ihren einstmals bedeutsamen Namen tragen (siehe Abb. 100).

Die östlich von Karlsruhe etwa zwischen Stupferich und Königsbach/Stein senkrecht zur *Königslinie* kreuzende Linie

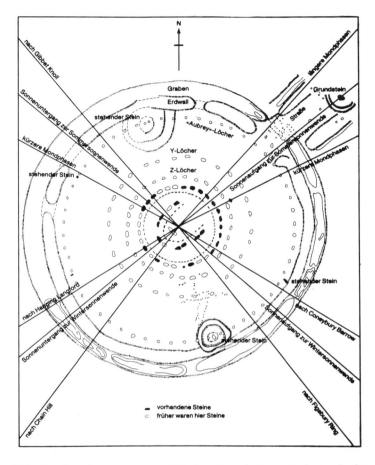

Abb. 90 Stonehenge als megalithisches Sonnenobservatorium mit den entsprechenden Extrempositionen des Zentralgestirns Sonne im Jahresverlauf. Der »Heelstone« befindet sich vom Zentrum aus gepeilt am Tag der Sommersonnenwende (Sonnenaufgang) in nordöstlicher Richtung.

kann die *Kaiserlinie* genannt werden; sie führt vom Kaiserdom in Aachen bis zum Ort Habichegg in den Allgäuer Alpen und wurde bereits im vorigen Kapitel als *Steinlinie* in bezug auf markante Orte besprochen. Die Richtung NW – SO entspricht dem Sonnenuntergang zur Sommersonnenwende bzw. Mondaufgang zur Wintersonnenwende (siehe auch Stonehenge, Abb. 90). Beide Linien verlaufen – dieses muß besonders hervorgehoben werden – jeweils über einen »Lichtenstein«, u.z. die »Königslinie« über Burg Lichtenstein bei Ebern/Coburg in Franken und die »Kaiserlinie« über Burg Lichtenstein bei Reutlingen (siehe Abb. 101).

Die in Abb. 93 dargestellten Linien sollen zum besseren Verständnis der Karte zunächst in einer Übersicht mit den wichtigsten Orten dargestellt werden:

1. *Kaiserlinie:* Aachen – Karlsruhe (Eggenstein) – Habichegg
2. *Königslinie:* Hochkönigsbourg/Elsaß – Königsberg/Bayern – Königsberg/Preußen
3. *Drei-Kaiserdom-Linie:* Hohentwiel/Singen – Speyer – Worms – Mainz – Siegen
4. *Keltenfürstenlinie:* Burg Esch – Karlsruhe (Schloß) – Hochdorf – Hohenstaufen
5. *Kaspar Hauser-Linie:* Karlsruhe – Burg Zähringen – Kaiseraugst (Basel/Dornach)
6. *Siegfried-Linie:* Burg Esch – Worms – Bayreuth
7. *Hohenzollern-Linie:* Burg Riehen (Basel) – Burg Hohenzollern – Nürnberg
8. *Nornenlinie:* Nürnberg – Würzburg – Frankfurt/Main – Aachen
9. *Externstein-Meridian:* Externsteine (Horn) – Frankfurt/Main – Zürich

Wird die rein graphische Wirkung dieser Karte ohne nähere Kenntnis geodätischer oder geomantischer Art betrachtet, so fällt auf, daß bis auf die Linien 5, 7 und 8 alle anderen

Linien östlich im Gebiet zwischen Berghausen (Hopfenberg = Hohenberg), Königsbach und Kleinsteinbach zusammenlaufen; bei näherem Kartenstudium zwischen Stupferich, Remchingen und Kleinsteinbach – ein in vielfacher Weise interessantes Gebiet, das sicherlich zu weiteren geomantischen und historischen Forschungen führen wird.

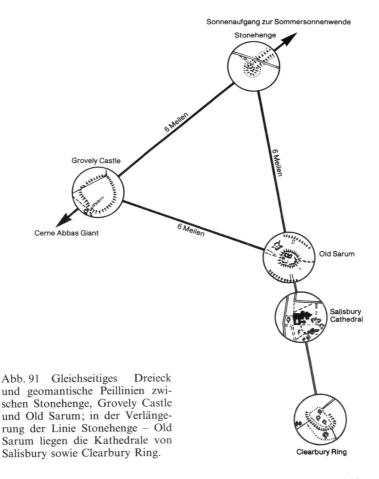

Abb. 91 Gleichseitiges Dreieck und geomantische Peillinien zwischen Stonehenge, Grovely Castle und Old Sarum; in der Verlängerung der Linie Stonehenge – Old Sarum liegen die Kathedrale von Salisbury sowie Clearbury Ring.

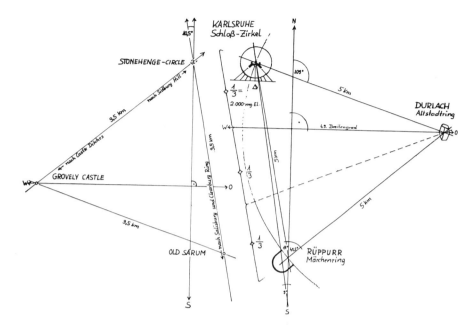

Abb. 92 Die geomantischen Gegebenheiten von Stonehenge und Karlsruhe im Vergleich: In beiden Fällen lassen sich gleichseitige Dreiecke (6 Meilen bzw. 5 km) bilden; die geringen Winkelabweichungen ergeben sich durch die geringfügigen Breitengradabweichungen. In Verlängerung Stonehenge – Old Sarum befindet sich die Kathedrale von Salisbury als weiterer »Ort der Kraft«.

Das Linienzentrum im Gebiet zwischen Karlsruhe und Pforzheim wirkt in dieser Karte (maßstabsgetreue Verkleinerung einer Karte Süddeutschland 1 : 500'000) wie eine nach Nordosten (Fichtelberg) gerichtete Speerspitze und verbindet Karlsruhe in geradezu magischer Weise mit Nürnberg (Nornenberg) (siehe Abb. 94 und 95), seit jeher »deutscheste« aller Städte, jener Stadt der Meistersinger, in der im Jahre 1828 das »Kind Europas«, Kaspar Hauser, aus dem anscheinend anonymen Dunkel der abendländischen

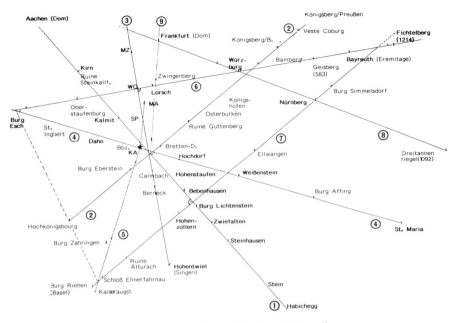

Abb. 93 Süddeutsche geomantische Großraumlinien. Östlich der »Sonnenstadt« Karlsruhe bei Königsbach/Stein trifft ein Großteil aller bedeutsamen Linien zusammen; entsprechend den Winkelpositionen der Sonnenextremstellungen bilden dabei die Linien Aachen – Habichegg und Hochkönigsburg – Königsberg/Bayern ein schräges Andreaskreuz mit annährend rechten Winkel. Ausführliche Erläuterungen im Text auf Seite 168. Die Zahlen in den Kreisen beziehen sich auf die dort genannten Linien. (Kartenmaßstab 1:500'000.)

Geschichte auftaucht und in der 118 Jahre später – 1946 – mit den gleichnamigen Prozessen das deutsche Schicksal vorerst auf so tragische Weise abgeschlossen werden sollte. Über die *Keltenfürstenlinie* (4) mit dem zwischenzeitlich berühmten Keltenfürstengrab bei Hochdorf (persönliche Mitteilung Schad, 1987) und dem Kreuzungspunkt Burgruine Hohenstaufen (siehe Abb. 96) ist Karlsruhe schicksalhaft mit Nürnberg verbunden und über den Schnittpunkt Ho-

Abb. 94 Die Kaiserburg in Nürnberg von Westen; bedeutsame Stadt deutscher Geschichte der Vergangenheit und Gegenwart (Reichskleinodien, Kaspar Hauser; Nürnberger Prozesse) und geomantisch zentraler Punkt der sogenannten deutschen *Nornenlinie*.

henstaufen (Kaiser Friedrich II.; s. Castel del Monte bzw. Schloßturm Karlsruhe) auch mit dem Stammschloß der Hohenzollern bei Hechingen (siehe Abb. 104) und dadurch mit dem preußischen Kaiser des 20. Jahrhunderts. Die Kaspar Hauser-Linie über das atlantische Sonnenorakel Malsch (Rastatt), vorbei an der Stammburg der Zähringer bei Freiburg, führt nach Kaiseraugst bei Basel (Nähe Goetheanum/Dornach) und verbindet sich über Schloß Ehnerfahrnau mit der *Hohenzollernlinie,* die über Hohenstaufen nach Nürnberg führt – die Nornen des deutschen Volksgeistes spinnen unsichtbar und doch erschaubar die feinen Fäden der Geschichte und damit der sie wiederum gestaltenden Menschen.

Wird die *Keltenfürstenlinie,* die, von Hochdorf kommend, über Stein/Königsbach direkt durch den Schloßturm von Karlsruhe führt, westlich über die Stadt hinaus verlängert, so verläuft sie über Bergzabern (Rosenkreuzer-Zentrum), Dahn in der Pfalz (mit Burg Trifels (siehe Abb. 99); früher vorübergehend Hort der Reichskleinodien des Heiligen Römischen Reiches Deutscher Nation) und St. Ingbert im Saarland bis zur Burg Esch direkt an der französischen

Abb. 95 Das alte Nürnberger Wappen. Nürnberg = *Nornen-berg,* die Stadt der Nornen, die das Schicksal der Menschen leiten. Eine Norne ist auch die »Weise Frau«, und im Verständnis einer ethymologischen Abwandlung die »Weiße Frau« (»Erscheinung«).

Grenze und weist damit in das Land der Kelten und Bretonen, in dem am Atlantik die Gralssage ihren westlichen Ausgang nahm (vgl. Kapitel 12). Vom Kreuzungspunkt Burg Esch führt eine nach Osten verlaufende Linie über die Burgruine Oberstaufenburg (Pfalz), den Kaiserdom von Worms, die älteste romanische Torhalle in Lorsch, Marienberg und die Residenz in Würzburg vorbei an Bamberg bis in die Eremitage von Bayreuth. Sie folgt damit der *Siegfried-Linie* (6) und weist durch Richard Wagner zum »Ring der Nibelungen« – die Mythen der Kelten und Germanen finden hier ihre gemeinsamen Wurzeln und Berührungspunkte (Burg Esch – Esche = germanisch Weltenbaum *Yggdrasil*) (siehe Abb. 93).

Die *Siegfried-Linie* wird bei Worms von der *Drei-Kaiserdom-Linie* im rechten Winkel geschnitten; diese Linie kommt von der germanischen Thingstätte Hohentwiel bei

Singen, führt über Bernbeck und Calmbach im Schwarzwald über den Hopfenberg (Hohenberg) bei Pfinzthal-Berghausen und dann durch die Kaiserdome von Speyer, Worms und Mainz.

Nördlich dieser drei bedeutsamen Städte der frühen deutschen Geschichte verläuft die Linie über Siegen, Werl (Wallfahrtskirche) und vorbei an Münster/Westfalen bis in die norddeutsche Tiefebene und stellt damit eine zentrale Achsenverbindung zwischen Nord- und Süddeutschland her (siehe Abb. 97).

Im Zusammenhang sowohl mit Karlsruhe selber als auch der abendländischen Geschichte schreibt Dieter Schad – unter Einbeziehung der zentralen europäischen Mysterienstätte Externsteine im Teutoburger Wald – in seinen umfangreichen und sorgfältig recherchierten historischen und geomantischen Studien zur Varus-Schlacht in den Bekkumer Bergen über diese sicherlich auffälligste und daher wohl inzwischen bekannteste geomantische Linie in Südwestdeutschland: »Die Drei-Kaiserdom-Linie, genannt nach den drei Domen des Oberrheines, die besonders eng mit der Geschichte des römischen Reiches deutscher Nation und ihren Kaisern verbunden sind, läuft nur in Speyer und in Mainz direkt durch die altehrwürdigen Kathedralen. Durch Worms nimmt sie ihren Verlauf nicht durch den Dom am Rande der Altstadt, sondern durch das Zentrum von Alt-Worms, etwa dort, wo sich die andere zusammen mit dem Dom älteste Kirche von Worms befindet, die Paulus-Kirche, dort, wo die alte Salierburg gestanden hatte.«[39]
Die Hälfte der Strecke erreicht die *Drei-Kaiserdom-Linie* direkt an der Mündung der Pfrinn in den Rhein gegenüber den rechtsrheinischen Fluren *Maulbeeraue* und *An der Heerstraße*, im Norden von Worms. Die Südverlängerung der Drei-Kaiserdom-Linie nimmt ihren Weg zunächst durch Philippsburg. Dann läuft sie unweit des Michaelsberges bei Untergrombach, nach der die Michaelsberger Kultur der

Abb. 96 Burgruine Staufeneck auf einem Felsvorsprung über dem Filstal bei Göppingen, unweit des Bergkegels Hohenstaufen, der eigentlichen Stammburg des Hohenstaufer Kaisergeschlechtes.

Jungsteinzeit benannt wurde, über das Weingartener Moor, die sich anschließende Thing-Stätte und etwa über Werrabronn auf den Hopfenberg bei Karlsruhe zu. Den Hopfenberg überquerend, geht ihr Lauf an Karlsruhe vorbei durch den nordöstlichen Schwarzwald über Berneck, an Horb vorbei, durch Spaichingen am Dreifaltigkeitsberg, über das geschichtsträchtige Twiefelt unterhalb des Hohentwiel (der Hohentwiel hieß früher *Twiel* und davor *Duellium*). Südwestlich des Hohentwiel bei Singen setzt sich die Linie dann fort in Richtung Schweizer Gebiet; dort führt ihr Lauf an Einsiedeln vorbei, über die Glarner Alpen, vorbei am Splügenpaß hinunter zum Comer See. In der Lombardei durchschneidet sie Mailand hinter sich lassend, das Gebiet zwischen Pavia und Lodi, interessanterweise diejenigen Städte in Italien, die vielleicht am meisten mit der Geschichte der römisch-deutschen Kaiser, besonders der Frühzeit, verbunden waren. Bevor die Linie westlich von Cinque Terre an der ligurischen Küste ausläuft, kommt sie noch durch das Gebiet der berühmten Abtei und der letzten Klostergründung des großen irischen Heiligen Kolomban, Bobbio, der Abtei, der die Ehre zukommt, das erste abendländische Kloster mit dem Privileg einer Exemtion zu sein. Im Mittelmeer verläuft die Linie westlich von Capraia, der Ziegeninsel, und läuft dann in etwa auf das historische Karthago zu.

Im Norden verläuft die verlängerte Drei-Kaiserdom-Linie über Wiesbaden, jeweils östlich an Limburg und Siegen vorbei, durch Hilchenbach, auf das geomantisch hochsensible Dreieck Kirchhunden - Attendorn – Finnentropp zu. Dort geht sie über den Mondscheinberg, unweit des Sonnenbergs und nicht weit von Helden (mit einer Kirche, in der sich die wohl bedeutendsten Wandmalereien Westfalens befanden, »ein Werk von abendländischem Rang auf

Abb. 97 Deutsche geomantische Großraumlinien von Basel bis Lübeck. Bemerkenswert in bezug auf die Abbildungen 75 – 77 ist das Vorhandensein einer großräumigen »Cheopspyramiden«-Konfiguration mit dem bekannten Seitenwinkel von 51,5° bei Aachen und Walhalla/Regenstauf; die alte und geomantisch hochbedeutsame Stadt Basel (Gottheit Bhel/Baal?) bildet hierbei die »Pyramidenspitze«. Dieses Dreieck wird halbiert durch

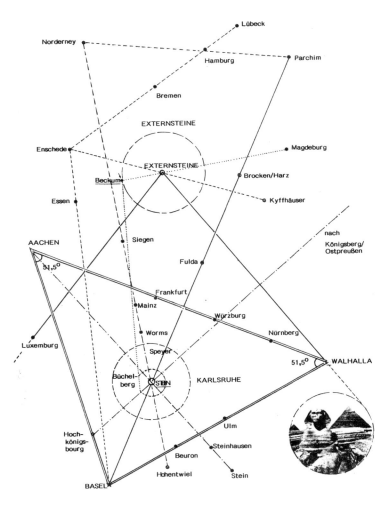

eine Linienführung Basel – Königsbach/Stein (östlich von Karlsruhe) – Fulda – Brocken/Harz. Die Basis dieser »Cheopspyramide« bildet die »Nornenlinie« Aachen – Frankfurt – Würzburg – Nürnberg, die Deutschland annähernd in Nord- und Süddeutschland teilt. Im Norden befinden sich die Domstädte Enschede (Holland), Bremen, Hamburg und Lübeck auf einer geomantischen Verbindungslinie. Die »Externstein-Pyramide« von W. Machalett ist angedeutet.

Abb. 98 Deutsche geomantische Großraumlinien, Detailstudie. Kartengrundlage wie in Abb. 97: (Kartenmaßstab 1 : 1'800'000.) Au = Augsburg (Mariä Himmel), BE = Beckum, BG = Burg Gutenberg, BLK = Blieskastel, CO = Coburg, Db = Dinkelsbühl, Dg = Dillingen, Dh = Dahn, Ew = Ellwangen, F = Frankfurt, Ho = Homburg/Saar, HS = Haßfurt/Bayern, Hst = Hohenstaufen, Hz = Hohenzollern, IO = Idar-Oberstein, K = Köln, Kb = Königsbrunn, Km = Kalmit, Kn = Kirn, KT = Kreuztal, KTs = Königstein/Taunus, KW = Königswinter, Li = Lichtenstein, Luxbg. = Luxemburg, MS = Münster, MZ = Mainz, N = Nürnberg, Pf = Pfaffenhofen,/Elsaß, R = Regensburg, RB = Rheinbach (Burg), RSt = Regenstauf, S = Stuttgart, SH = Schwäbisch Hall, SI = Siegen, SLS = Saarlouis, SM = Schloß Mespelbrunn, SO = Soest, SP = Speyer, SR = Straßburg, TR = Trier, WE = Wolframseschenbach, WH = Walhalla, WO = Worms, WU = Würzburg, ZW = Zwiefalten.

1 = Bergzabern
2 = Durmersheim (Maria Bickesheim)
3 = Baden-Baden
4 = Herrenalb
5 = Berneck
6 = Haigerloch
7 = Bebenhausen
8 = Esslingen
9 = Hohenneuffen
10 = Burg Teck
11 = Hochdorf
12 = Kloster Maulbronn
13 = Bretten
14 = Neckargmünd

1. Basel – Hochkönigsbourg – Trier – Aachen
2. Basel – Beuron – Zwiefalten – Ulm – Dillingen – Regenstauf (Walhalla)
3. Basel – Homburg/Saar Idar-Oberstein – Bonn – Essen – Enschede
4. Basel – Hohenzollern – Hoheneuffen – Teck – Hohenstaufen – Nürnberg
5. Basel – Belchen (Freiburg) – Herrenalb – Stein – Mespelbrunn – Fulda – Brocken
6. Aachen – Frankfurt – Würzburg – Nürnberg – Regenstauf (Wallhalla)
7. Aachen – Kirn – Kalmit – Eggenstein – Lichtenstein – Zwiefalten – Stein/Allgäu
8. Luxemburg – Dahn – Karlsruhe – Stuttgart – Augsburg – Marquartstein
9. Stuttgart – Frankfurt – Wetzlar – Soest – Beckum – Norderney
10. Hohentwiel – Speyer – Worms – Mainz – Siegen – Hamm – Norderney
11. Saarluis – Blieskastel – Karlsruhe – Hochdorf – Hohenstaufen – St. Wolfang
12. Fleville – Pfaffenhofen – Ettlingen – Maulbronn – Schw. Hall – Wolframseschenbach (siehe auch Gralslinie S. 195)
13. Hochkönigsburg – Königsbach/Stein – Königsberg/Bayern – Königsberg/Preußen
14. Gera – Weissenfels – Berleburg – Magdeburg – Oldenburg/Holstein
15. Worms – Lorsch – Michelstadt – Würzburg – Bayreuth
16. Enschede – Bremen – Hamburg – Lübeck

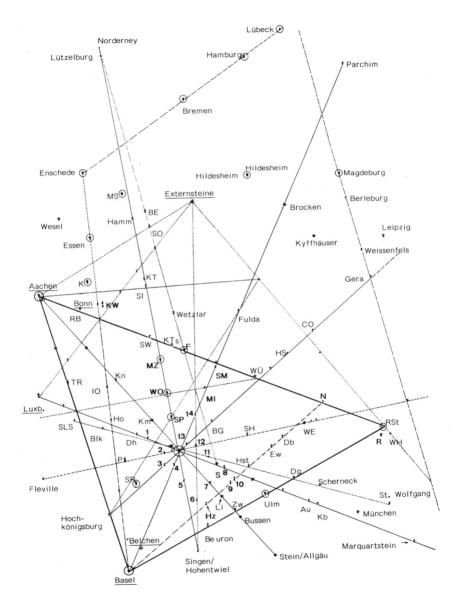

der Höhe der Zeit«). Der weitere Verlauf ist der Sorpesee, dann der Wallfahrtsort Werl, bevor es durch das Gebiet zwischen Hamm und Ahlen geht (Werl ist auch bekannt durch die Grafen von Werl, reichsunmittelbar bis ins 12. Jahrhundert hinein und seinerzeit mächtigstes westfälisches Herrenhaus; aus ihm stammte Gisela von Werl, als Gemahlin Konnrad II. deutsche Kaiserin und Mutter von Heinrich III.). Nach Ahlen geht es durch Sendenhorst, den Wallfahrtsort Telgte, über die Dörenter Klippen des nordwestlichen Osning, durch Jbbenbüren auf Fürstenau zu. Weiter geht es an Klemenswert vorbei durch Loga bei Leer und schließlich auf die Westseite der Insel Baltrum zu. In der Nordsee nimmt die verlängerte Drei-Kaiserdom-Linie dann Generalrichtung auf die Shetland Inseln nördlich von Schottland.

Möglicherweise war mit dieser großräumigen Ausrichtung einer »Heiligen Linie« von »Orten besonderer Kraft« – an denen, noch heute nachvollziehbar, bedeutsame Dome

Abb. 99 Burgruine Trifels bei Dahn in der Pfalz, ehemalige Kaiserburg mit den Reichskleinodien des Heiligen Römischen Reiches Deutscher Nation.

Abb. 100 Die berühmte Burg Drachenfels am Rhein im Siebengebirge bei Königswinter in der Nähe der heutigen Bundeshauptstadt Bonn. Die Namen selber (Drachen / Sieben / König / Winter) sprechen für sich und ihre geomantisch-geschichtlichen Ursprünge.

Südwestdeutschlands stehen – in vorgeschichtlicher Zeit ebenfalls eine kultisch herausragende »Nord- oder Polausrichtung« unter einer ähnlichen Winkelabweichung zur heutigen Nordausrichtung verbunden, wie dieses bei ähnlichen Linienführungen im Zusammenhang mit den beiden Orten *Göttelfingen* bei Herrenalb im Nordschwarzwald aufgezeigt werden konnte – rätselhaftes Relikt aus den noch immer geheimnisvollen und faszinierenden Megalithkulturen Mitteleuropas oder gar aus den längst versunkenen Menschheitsepochen der Atlanter/Hyperboreer oder der polarischen Wurzelrasse mit ihren sagenumwobenen nordischen Mysterienstätten Thule und Grönland?

Der Schloßturm von Karlsruhe ist durch eine gerade Verbindungslinie zum Schloß Mannheim über den Dom von Speyer mit dieser *Drei-Kaiserdom-Linie* verbunden, wie

Kill bereits 1984 in einer sorgfältigen geodätischen Vermessungsstudie[40] zeigen konnte (siehe Abb. 102). In seinen diesbezüglichen exakten geodätischen Studien in Karlsruhe selber und im nordbadischen Raum führt Kill im einzelnen aus:

»Gerade die Abweichung der Schloßachse von der Stadtachse Karlsruhe hatte die Verbindungslinie Schloß Karlsruhe – Schloß Mannheim lange zu einem Problem gemacht. Diese Linie ging zwar durch den Dom von Speyer, wirkte

Abb. 101 Burg Lichtenstein am Rande der Schwäbischen Alb bei Reutlingen. Die berühmte und oft besungene Burg liegt auf der zentralen geomantischen Großraumlinie Aachen – Habichegg im Allgäu, einer »Steinkreuzlinie« mit geomantischer Lichtmeßtradition: (Burg Steinkallenfels bei Kirn/Pfalz; Kalmit bei Neustadt; Eggenstein bei Karlsruhe; Zwiefalten; Steinbach und Stein bis Habichegg).

aber in Karlsruhe wenig überzeugend. Eine nähere Untersuchung des Speyerer Domgrundrisses zeigt, daß es um die Rechtwinkligkeit dieses Baues schlecht bestellt ist, andererseits ist der Bau so bedeutend, daß man den Grund dafür nicht ohne weiteres bei der Nachlässigkeit der Baumeister suchen sollte, entsprechend der erwähnten Theorie von der Richtung des Karlsruher Stadtgrundrisses. Für einen Teil der vorkommenden Richtungen im Domgrundriß dürfte jedenfalls diese Linie verantwortlich sein. Wahrscheinlich haben noch weitere Fernbeziehungen auf diesen Grundriß eingewirkt, ohne deren Kenntnis er eben nicht zu erklären ist.« (Siehe dazu Abb. 102.)

Abb. 102 Kartographische Vermessungsstudien durch Karlsruhe (Stadtachse/ Schloßturm), Speyer (Dom) und Mannheim (Schloß); die drei Gebäude befinden sich auf einer großräumigen Linie. Im Dom von Speyer schließt die »Drei-Kaiserdom-Linie« an.
(Vgl. dazu Abb. 103).

In Mannheim geht die Richtung der Karlsruher Schloßachse durch die südöstliche Ecke des Schloßhauptbaues. Die Mannheimer Schloßachse (und damit die gesamte rechtwinklige schachbrettartige Stadtgeometrie) weicht von der Linie im Verhältnis 1:2 ab.

Wendet man sich wieder den großräumigen Zusammenhängen zu, erkennt man, daß die Verbindungslinie der Kaiserdome in Speyer und Worms sich verlängern läßt in den Mainzer Altstadtbereich – genaue gerade Linien lassen sich über größere Distanzen auf der Karte nur schwierig nachvollziehen, weil die Krümmung der Erdoberfläche in der ebenen Projektion nicht berücksichtigt ist. Vom Wormser Dom im rechten Winkel nach Osten liegt die Torhalle von Lorsch, auf der Verlängerung im doppelten Abstand die Einhartsbasilika in Steinbach im Odenwald. Verbindet man den Dom in Worms mit dem Königsstuhl bei Heidelberg und geht von da rechtwinklig auf die Linie Speyer – Worms zurück, erhält man ein Dreieck 3:4:5! Zurück nach Speyer: Hier liegt die nördliche Ecke eines rechtwinkligen gleichschenkligen Dreiecks mit dem Karlsruher Schloßturm im Südosten und dem Klosterbezirk Weißenburg im Elsaß im Westen. Anders ausgedrückt: Bewegt man sich vom Karlsruher Schloßturm westwärts senkrecht zur Linie Karlsruhe – Speyer, kommt man in den Klosterbezirk in Weißenburg, der gleichweit entfernt ist vom Karlsruher Schloßturm wie der Dom von Speyer (siehe Abb. 103).

In bezug auf die unterschiedliche geschichtliche und kulturgeographische Entwicklung von Nord- und Süddeutschland – und damit in letzter politischer Konsequenz von Preußen und Baden als nicht nur polit-geographische polare

Abb. 103 Geodätische Vermessungsstudien in Nordbaden/Pfalz von G. H. Kill, 1984. Landschaftsstrukturierung mit Hilfe Pythagoräischer Dreiecke sowie die Darstellung der Zusammenhänge von Schlössern, Domen und Klöstern.

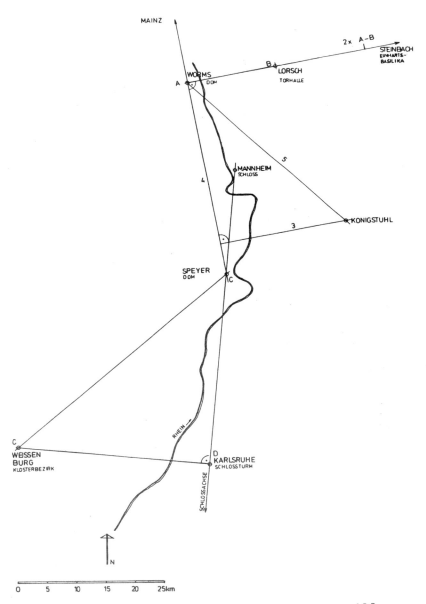

Gegensätze – war die Entdeckung einer geomantisch schlüssigen und nachvollziehbaren Linie durch die für die deutsche Geschichte herausragenden Städte Nürnberg (Burg der Nornen), Würzburg (Residenz), Frankfurt (Kaiserkrönungsdom) bis in den Dom von Aachen – ein ungewöhnlicher und überraschender Beleg für die geistige und damit auch historische Trennlinie zwischen Nord- und Süddeutschland, die – vordergründig nicht erkennbar – weitreichende geschichtliche und politische Konsequenzen hatte und in der Zukunft wohl auch noch haben wird (Äußerungen dazu finden sich bei Rudolf Steiner und anderen prophetisch Sehenden).

Von dieser Schicksals- und *Nornen-Linie* des deutschen Reiches verlaufen in annähernd gleicher (Sonnen)-Ausrichtung die *Königslinie* (2) und die »Hohenzollernlinie« (7) nach Nordosten und Südwesten und stellen damit diagonale Verbindungen her zum süddeutschen Siedlungsgebiet der Kelten in der Oberrheinebene mit Basel, Straßburg und Karlsruhe, der »Stadt der Atlantiden«.

Durch die annähernd senkrechte Kreuzung der wohl hochbedeutsamen *Kaiserlinie* und *Königslinie* östlich von Karlsruhe sowie der weiteren Einkreuzung wichtiger geomantischer Linienführungen in diesem Schnittpunkt, muß diese Region – ohne jegliche lokale Überbetonung – eine hervorragende geistesgeschichtliche und kulturgeographische Bedeutung für die gesamte Entwicklung Süddeutschlands zugemessen werden; diese kulturhistorische Bedeutung des süddeutschen Raumes kommt auch in den abschließenden beiden Kapiteln unverkennbar zum Ausdruck.

Abb. 104   Historische Darstellung der Burg Hohenzollern am Rande der Schwäbischen Alb bei Hechingen; Stammburg der späteren preußischen Kaiser des Deutschen Reiches. Die Burg Hohenzollern liegt auf einer geomantisch bedeutsamen Linie von Basel (Burg Riehen) über die Burgruine Hohenstaufen bis zur Kaiserburg von Nürnberg.

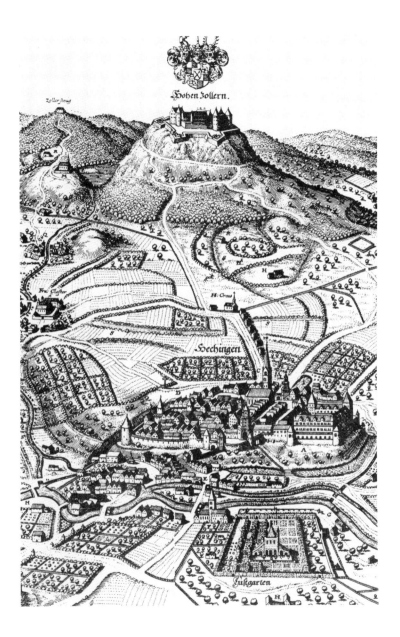

11
EUROPÄISCHE GEOMANTISCHE GROSSRAUMLINIEN

Die im vorangehenden Kapitel aufgezeigten großräumigen geomantischen Gesetzmäßigkeiten bzw. Erkenntnisse gelten offensichtlich nicht nur für den süddeutschen Raum, sondern darüber hinaus verständlicherweise für den gesamten europäischen, abendländischen Bereich, sofern entsprechende geisteswissenschaftliche und geschichtliche Zusammenhänge zugrunde gelegt werden; diesbezügliche Arbeiten sind weder neu noch ungewöhnlich, wie ähnliche großflächige kartographische Studien und geschichtliche Nachforschungen aus der Zeit des »Ahnenerbe« im nationalsozialistischen Deutschland der dreißiger Jahre noch heute überprüfbar belegen (siehe Abb. 19). Aufgrund durchaus vorhandener reichhaltiger Fachliteratur muß angenommen werden, daß derartige geomantische Linienführungen sehr wahrscheinlich weltweit in allen früheren Hochkulturen vorhanden waren und in ihren grundlegenden Strukturen – wenn auch oft nur bruchstückhaft – noch heute erkennbar sind (siehe Abb. 105 und 106).

Bei der Erarbeitung geomantischer Linien unter Zugrundelegung kartographischer Studien wird die Wahrscheinlichkeit einer unzureichenden oder wenig sinnvollen Zuordnung von Ortschaften und topographischen Punkten mit zunehmendem Kartenmaßstab größer – regionale Meßtischblätter oder topographische Karten 1 : 25 000 müssen zwangsläufig zu besser überprüfbaren Ergebnissen führen als eine

Abb. 105 Die Stadt Fizurabad im heutigen Iran, in der erste Hälfte des 3. Jahrhunderts nach Chr. erbaut. Im Zentrum der kreisförmigen Stadtanlage befindet sich als Ausdruck einer kosmisch-harmonikalen Ordnung – wie in Delphi – ein Omphalos bzw. eine Felsenburg. Alle Straßen der Stadt gehen vom Mittelpunkt aus und verbinden den Mikrokosmos der Stadt mit dem Makrokosmos der Welt. Vergleiche zur megalithischen Anlage von Avebury in England und Karlsruhe sind im Zusammenhang mit der gemeinsamen geomantischen Tradition der Kulturkreise angebracht (s. Abbildungen 106 und 107).

Deutschlandkarte 1 : 500 000; dieses gilt insbesondere für diagonale bzw. schräge und damit vom senkrecht verlaufenden Längengrad abweichende Linienführungen. Aufgrund sphärisch entzerrter und somit korrigierter großräumiger Karten (z.B. Deutschland 1 : 800 000 oder Europa 1 : 3 000 000) in der sogenannten Merkatorprojektion sind derartige Linienführungen anscheinend doch wieder stimmig und in ihrer geographischen oder geomantischen Raumstruktur bzw. ihrer geschichtlichen oder kulturellen Zuordnung von geradezu verblüffender Folgerichtigkeit und vordergründig nicht erkennbarer Gesetzmäßigkeit: Es gibt auch auf der Erdkugel »gerade« Linien, auf denen sich Orte miteinander »verbinden« lassen – auf jedem größeren

Globus läßt sich das mit einem Faden nachvollziehen. In der Geomantie wurde die Welt – wie Nigel Pennick völlig zurecht schreibt – als ein Kontinuum wahrgenommen, in dem alle Vorgänge – natürliche und übernatürliche, bewußte und unbewußte – auf subtile Art miteinander verknüpft waren, einer mit dem nächsten. Das wohl wird Geheimnis und Erklärung gleichermaßen sein für Strukturen, die wir intellektuell-vordergründig heute nicht mehr oder nur unzureichend erklären können. Die in Abb. 108 dargestellten europäischen geomantischen Großraumlinien sollen abschließend aufgrund der eingeschränkten Thematik nur summarisch erörtert werden. Auffällig sind neben der von Machalett beschriebenen »Externstein-Pyramide« Detmold/Horn – Delphi – Gibraltar (wobei die Externsteine auf dem 51,51 (!) Breitengrad liegen) zwei weitere »Cheopspyramiden«-Konfigurationen mit den Basiswinkeln von jeweils 51,5° und dem Abschlußwinkel von demzufolge 77°, u.z.

1. Le Havre (51,5°) – Karlsruhe (77°) – Aix en Provence (51,5°) sowie
2. Aachen (51,5°) – Basel – (77°) – Walhalla (51,5°) (bei Regenstauf).

Mit Ausnahme einiger weniger Linien (»Externstein-Pyramide« sowie der Linien 2, 6, 10 und 11) laufen alle anderen europäischen Großraumlinien mythologischer, geschichtlicher oder geisteswissenschaftlicher Gemeinsamkeiten im Großraum Karlsruhe (Eggenstein – Herrenalb – Königsbach/Stein) zusammen – Karlsruhe im »Herzen Europas« (Poststempel), die sonnengleich *aus*strahlende (El Kahira = Kairo) »Stadt der Atlantiden« mit jener geheimnisvollen Pyramide auf dem Marktplatz, Sinnbild einer längst versunkenen, großen Menschheitsepoche!? (s. Abb. 107). Die Linien und die auf ihnen liegenden erwähnenswerten Orte (sowie deren mögliche Bedeutung) sind im einzelnen:

Abb. 106 Rekonstrukton der frühsteinzeitlichen Anlage von Avebury/ Südwestengland. Die kreisförmige Anlage ist erheblich größer als die des nahen Stonehenge; im Zentrum befanden sich zwei weitere Steinkreise als Teil einer landschaftsgestaltenden großen Steinschlange, einem ehemaligen Prozessions- oder Einweihungsweg frühzeitlicher Kulturen. (s. auch Abb. 29).

1. *Externstein-Pyramide (siehe Abb. 108)*
   a) Ost-Linie: Externstein (Horn) – Kassel – Zagreb – *Delphi*(!) – Cheops
   b) Meridian: Externsteine (Horn) – Marsberg – Marburg – Hohentwiel – Genua – Cagliari
   c) West-Linie: Externsteine (Horn) – Bitburg – Luxemburg (Lichtburg) – Lourdes – Gibraltar – Kanarische Inseln (Reste von Atlantis?)
2. *Atlantis-Linie:* Nordspitze Portugal (Hafen der Gallier!) – Chartres (vorzeitliche Druidenschule) – Paris – Aachen – Externsteine (Atlantisches Mysterium?)
3. *Kelten-Linie:* Concarneau (Menhire) – Quimperlé – Rennes (Kathedrale) – Chartres (weltberühmte Kathedrale) – *Karlsruhe* – Walhalla (Regenstauf)
4. *Michaels-Linie:* Mont St. Michel – Paris – Chalon – St. Mihiel – *Karlsruhe* – Straubing - (Romanische Peterskirche, 1180) – Deggendorf – (Odessa)
5. *Drei-Kaiserdom-Linie:* Norderney (Ei = Weltall im Norden?) – Werl (Wallfahrtskirche) – Siegen – Mainz – Worms – Speyer – *Karlsruhe* – Hohentwiel (Singen)
6. *Siegfried-Linie* (bei Worms senkrecht zur Drei-Kaiserdom-Linie): Rennes – Paris – Worms – Lorsch – Würzburg – Bayreuth (R. Wagner: Ring des Nibelungen) – Prag (Kaiserstadt)
7. *Normandie-Linie* (Kriegs- und Blutgürtel Europas): Le Havre – Rouen (Kathedrale Notre-Dame; Verbrennung von Jeanne d'Arc 1431) Compiègne (Waffenstillstand 1918 und 1940) – Reims (Kathedrale; De Gaulle / Adenauer 1963) – Verdun (!) – Metz (!) – *Karlsruhe* – Landshut – Linz (»Welthauptstadt« Hitlers) – Budapest
8. *Deutschland-Linie* (»Eiserner Vorhang«): [Aix-en-Provence – Fribourg (Schweiz) – Basel] – *Frei*burg (Breisgau) – *Karlsruhe* (Königsbach/Stein) – Fulda (s. 10) – Eisen-ach (Wartburg/Luther 1522) – Helmstedt

Abb. 107 Luftbildaufnahme von Karlsruhe von Nordosten mit großem Zirkel (1'800 m Durchmesser) und sogenanntem »Fächer« nach Süden öffnend. Der Schloßturm befindet sich im Zentrum der kreisförmigen Stadtanlage, von dem strahlenförmig insgesamt 32 Straßen bzw. Wege verlaufen, die auf geomantisch bedeutsame Punkte in der Rheinebene gerichtet sind. Die Hypothese, daß sich an der Stelle des heutigen achteckigen Schloßturmes in vorgeschichtlicher Zeit ein Omphalos oder ein Menhir nach griechischer bzw. keltischer Tradition befunden haben könne, ist in Anbetracht weiterer unübersehbarer Indizien aus dem ägyptisch-griechischen Kulturkreiserbe (Pyramide, Obelisken, Vogel Greif, Pentagramm) zulässig und von einer geradezu zwingenden Logik. (Luftbildaufnahme, freigegeben vom Reg. Präs. Karlsruhe unter Nr. 210/2207.)

(Grenzlager). Die Strecke Fribourg – Basel – Freiburg verhält sich 2 : 1; s. Malsch – Karlsruhe – Malsch = 2 : 1.

9. *Logen-Linie* (entspricht z.T. der »Kaiserlinie«, s. Kapitel 10): Perth (Schottland) – Den Haag (europ. Logenzentrum) – Aachen (Kaiserdom) – *Karsruhe* (Eggenstein!) – Pforzheim (Stadt des Goldes, Plutokratie *Bank*leitzahl 666) – Nebel(!)horn – Leuca (»Stiefelsporn«/Italien)
10. *Bonifacius-Linie* (Apostel Germaniens): Southampton (Dorf Nursling: Bon. = Abt) – Brüssel – Aachen – Fulda (Grab von B.; Deutsche Bischofskonferenz) – Prag (Kaiserstadt) – Sternberk (CSSR) s. Grallinie
11. *Artus-Linie* (König Artus und der Gral): Belfast (Bangor/Irland) – Keltisches Christentum – Winchester (ursprüngliche Königsstadt/Tafelrunde) – Le Havre – Chartres – Orleans (Johanna von Orleans) – Toulon – Cagliari
12. *Grallinie:* Nantes – Orleans – Troyes – Nancy – *Esch*bach – *Esch*bourg – *Karlsruhe* – Maulbronn – Schwäbisch Hall (St. Michael als Drachentöter) – Wolframseschenbach (Parzival) – Sternberk (CSSR) – L'Vov (= Lemberg/Ukraine).
13. *Logen-Linie:* London – Den Haag – Hannover – Berlin – Warschau (Chronologischer Verlauf der Logengründungen Anfang des 18. Jahrhunderts)
14. *Wiking-Linie:* Salzburg – Halle – Oldenburg – Odense – Christiansand (Norwegen)
(»Ley-linie«-Studie des »Ahnenerbes« im »Dritten Reich« über frühmittelalterliche Kirchengründungen; siehe hierzu auch Abb. 19 auf Seite 45.)

Abb. 108 Europäische geomantische Großraumlinien mit zwei geographischen »Cheopspyramiden« sowie der vom Atlantik nach Rußland verlaufenden »Grallinie«.

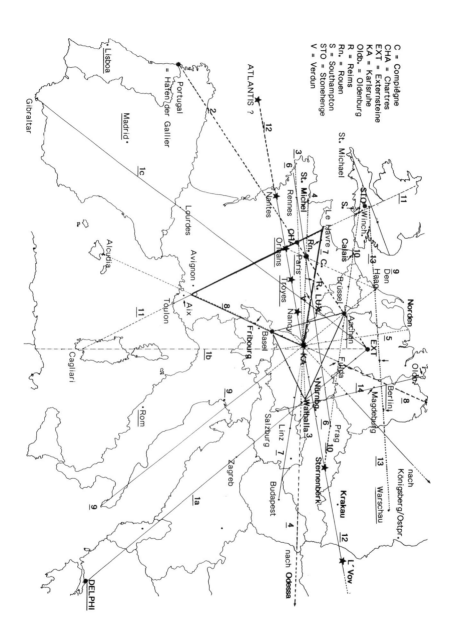

12
DIE GRALSLINIE
UND DAS GEHEIMNIS VOM GRAL

> Nicht länger darf Geheimnis mehr
> Das Ungesprochene bleiben,
> nachdem es lange verhüllt ist.
>
> *Friedrich Hölderlin*

Das geheimnisvolle, ebenso weitreichende wie verstandesmäßig vordergründig nicht erfaßbare Mysterium vom Gral soll im Zusammenhang mit Karlsruhe nur unter dem Aspekt kulturgeographischer und geomantischer Interpretationen Gegenstand einer abschließenden Betrachtung sein; eine umfangreiche vielschichtige Literatur gibt einen guten und zwischenzeitlich auch verständlichen Gesamtüberblick zu dieser geistesgeschichtlich umfassenden Thematik.

Der Gral, der zutiefst mit den Mysterien der Menschheit, ihrer geistigen Herkunft, ihren archetypischen Bildern und Symbolen verbunden zu sein scheint, ist je nach kulturellem bzw. geistesgeschichtlichem Verständnis sowohl *Kelch* (Joseph von Arimathia –, Chrétien des Troyes), *Stein* (der Weisen – *lapis elixir*: Wolfram von Eschenbach/Parzival) oder sogar *Speer* im Sinne der Runendeutung und damit alchemistischen sowie astrologischen Interpretationen zugänglich; auch die Elementenlehre des TAROT (Pentakel, Kelche, Schwerter und Stäbe für Erde, Wasser, Luft und Feuer) findet hier ihre tiefwurzelnden Entsprechungen. In seinem Buch *Astrologie der Wandlung – Der Weg zur Gralsburg im Horoskop* (1985) sowie im *Buch der Runen* interpretiert Zoltán Szabó[41] in faszinierender verständlicher Weise das Geheimnis vom Gral als kosmische »Planeten-Alchemie«, die jeden Menschen wandelt, der danach sucht und –

geläutert – den Gral in sich selbst erkennt als ewig gültigen Weg der Gottes- und Welterkenntnis. Die Rune *Odil* schließlich ist die unabdingbar notwendige Synthese des polaren männlichen und weiblichen Prinzips (siehe Zirkel und Dreieck im Stadtgrundriß von Karlsruhe als polare Entsprechung), die zum Gralskönig und damit zum Eingeweihten führt.

Auch der geographische Aspekt und die Bedeutung des Grals für Europa werden vom selben Autor im *Buch der Runen* in ungewöhnlicher Weise aufgezeigt; diese Betrachtungen waren Anlaß und Motivation für eigene geomantische Studien im Zusammenhang mit Karlsruhe. Im Versepos *Parzival* Wolframs von Eschenbach wird der Gral – wie bereits dargestellt – als Edelstein oder »Stein der Weisen« beschrieben, wobei die Anmerkung besagt, daß dieser Stein das alchemistische Symbol der unter dem Großhirn (Verstand) gelegenen Zirbeldrüse – des dritten Auges – sei. Sinn der Gralserzählung sei es, dieses »dritte Auge« (Stirnchakra; Zeitsinnesorgan) so zu öffnen und zu aktivieren, daß es die verborgenen Geschehnisse der Zeit (Atlantis) und den Sinn des Schicksals der Menschheit zu erkennen vermöge. Hier wird Karlsruhe zum deutschen Grals-Ruhe, denn hier schließt sich jener geheimnisvolle verborgene und doch offenbare Kreis von Sonnenrad (siehe Zirkel um den Schloßturm in Karlsruhe) und drittem Auge (Omphalos / Schloßturm); das fein gewobene Netz der Ereignisse vom Gralsgeschehen im frühmittelalterlichen Freiburg der Zähringer sowie der Schwanenritter-Gralskapelle in Ansbach (unweit von dem Ort Wolframs-Eschenbach), in der wenige Monate vor seiner geheimnisvollen Ermordung *Kaspar Hauser* – der »versprengte Atlanter« als vermutlicher Erbprinz aus Karlsruhe – »der Stadt der Atlantiden« – im März 1833 konfirmiert wurde.

Bei geomantischen Studien in bezug auf Karlsruhe, Kaspar Hauser und Wolframseschenbach bei Nürnberg (=

Nornenberg / Schicksalsberg) ergab sich unter Anlegung eines rechten Winkels an die erwähnte *Drei-Kaiserdom-Linie* zwischen Stupferich und Remchingen eine Linienführung östlich über Königsbach/*Stein* durch das Kloster von Maulbronn, die Kirche von Bönnigheim, die St. Michaels-Kirche in Schwäbisch-Hall (Drachentöter) bis nach Wolframs-Eschenbach bei Ansbach; in Kenntnis des Gralsgeschehens um den *Parzival* Wolframs von Eschenbach wurde diese hochbedeutsame europäische Linienführung von mir die *Gralslinie* genannt. Bei gemeinsamen geomantischen Erörterungen dieser Linie machte Dieter Schad mich auf eine westliche Weiterführung bis nach Frankreich hinein aufmerksam, die im Zusammenhang mit dem Gralsgeschehen völlig überraschende geistesgeschichtliche Perspektiven und Zusammenhänge aufzeigt: Die *Gralslinie* führt von Karlsruhe-Ettlingen (Poseidonopolis?) über die Wallfahrtskirche Maria Bickesheim in Durmersheim nach *Eschen*burg und *Esch*bach im französischen Elsaß, weiter vorbei an Nancy (Partnerstadt von Karlsruhe!) durch Troyes, Orléans bis nach Nantes in der Bretagne; von Orléans über Chartres und Le Havre (die sogenannte *Artus-Linie* / 11) ergibt sich ein folgerichtiger und geistesgeschichtlich logischer Anschluß über die Königsstadt Winchester (Artus und die Tafelrunde) bis ins irische Kloster Bangor bei Belfast, zentraler Ausgangspunkt keltisch-christlicher Missionierung Irlands und in dessen Folge auch anderer westeuropäischer Länder. Somit führt der Weg des Grals von Irland über Winchester, Chartres, Orléans, Troyes und Karlsruhe bis ins entfernte L'Vov (Lemberg) in der Ukraine – ein vorgezeichneter Weg? Seine Stationen durch Europa von West nach Ost sind im Überblick folgende:

1. WINCHESTER: Alte englische Königsstadt; Kathedrale; Burg und Große Halle aus romanischer Zeit mit »Tafelrunde« des legendären Königs Artus.

Abb. 109 Die Kathedrale von Chartres in Frankreich. Die im 11. Jahrhundert erbaute und der Jungfrau Maria geweihte Kathedrale befindet sich an einer Stelle einer bedeutsamen frühkeltischen Kultstätte mit herausragender geomantischer Ausstrahlung über einer Dolmengrotte; berühmt sind die Glasfenster und das Labyrinth auf dem Fußboden.

2. CHARTRES: Weltberühmte Kathedrale über einer großen Krypta (Wasserströme) mit bekanntem Fußbodenlabyrinth; bedeutsamer »Ort der Kraft«; frühe Keltenstätte und Druidenschule (siehe Abb. 109 und 110).

Abb. 110   Das Labyrinth in der Kathedrale von Chartres. Es befindet sich im Mittelgang des Kirchenschiffes in der Nähe des Eingangs, überdeckt z.T. von Stühlen. Seine ursprüngliche Bedeutung beschreibt Blanche Merz in dem Buch *Orte der Kraft*.

3. NANTES: Gotische Kathedrale (1434) mit Grabmal Franz II.; Sitz der Herzöge der Bretagne; Bretonischer Bischofssitz; Edikt von Nantes (1589) mit begrenzter Religionsfreiheit (Hugenotten); bretonischer Ausgangspunkt des Gralsweges (11).

4. ORLEANS: Kathedrale Ste. Croix (13. Jh.); unter dem Chor Reste einer frühen Kirche aus dem 6. Jh.; zentrale Siedlung der Kelten; Hauptort der Carnuten; 52 v.Cr. Aufstand Vercingetorix gegen Cäsar; Bischofssitz seit 4. Jh.; Königsstadt (848 Karl der Kahle); Johanna von Orléans (1429).

5. TROYES: Hauptstadt der gallischen Tricasses; seit 4. Jh. Bischofssitz; Kathedrale 13. Jh.; Templerverfassung durch Bernhard von Clairvaux; erste französische Gralsdichtung von Chrétien de Troyes (1180) über den Gralssucher Perseval – Vorbild und Anregung für Wolfram von Eschenbach (Parzival); Sens bei Troyes; Sitz eines Erzbischofs mit Titel »Primas von Gallien und Germanien« (etwa seit Theodosius dem Großen um 390 n.Cr.).

6. NANCY: (deutsch früher Nanzig; Partnerstadt von Karlsruhe), Burg der Herzöge von Lothringen; Franziskanerkirche (15. Jh.); nach Grueb Gralsstammland im östlichen Gebiet von Nancy zwischen Königshofen, Obernai und Odilienberg.

7. KARLSRUHE: Sonnengleiche »Stadt der Atlantiden« mit Pyramide auf dem Marktplatz; Geburtsort von Kaspar Hauser (»versprengter Atlanter«), konformiert in der Schwanenritter-Gralskapelle in Ansbach nahe Wolframseschenbach, Stadt bedeutsamer Logen; erstes deutsches Kernforschungszentrum (siehe die chemischen Elemente Germanium, Uran und Plutonium); geographisch zentrale Region Europas (siehe Gralskreuz bei Szabó); bedeutsame Gralslinienorte im Gebiet Karlsruhe; Wallfahrtskirche Maria Bickesheim (Durmersheim); Schloß Ettlingen; Wasserschloß bzw. Kirche in Königsbach/Stein.

8. MAULBRONN: Besterhaltene Zisterzienserabtei Deutschlands (gegründet 1147) – Klosterschule berühmter Deutscher, u.a. Kepler, Hölderlin, Schelling, Hesse.

9. SCHWÄBISCH-HALL: Frühes Siedlungsgebiet seit der mittleren Steinzeit; Stauferstadt, seit 1276 freie Reichs-

stadt; Pfarrkirche St. Michael (Erzengel Michael – Schutzengel Deutschlands) mit Drachentöter – diese Figur mit verschlüsselten Runenzeichen (alte germanische Weihestätte); in Marby: »Die drei Schwäne« (1987).

10. WOLFRAMSESCHENBACH: Dort nahe Ansbach / Nürnberg; Herkunftsort Wollframs von Eschenbach (um 1170); deutscher Gralsdichter des »Parzival« (s. auch Troyes); nachhaltige Wirkung dieses Werkes auf viele Deutsche und ihr Lebenswerk, u.a. Richard Wagner, Ludwig II von Bayern; Nietzsche, Adolf Hitler u.a.

11. STERNBECK: (deutsch: Sternberg); Stadt in Nordmähren in der heutigen Tschechoslowakei; wurde 1241 von Jaroslaw von Sternberg (s. Sternenfels bei Bretten/Zabern) nach dem Sieg über die Mongolen gegründet; bedeutende Burganlage aus dem 13. Jh.; hier Schnittpunkt der *Gralslinie* (12) mit der *Bonifaciuslinie* (10) und damit Rückbindung an die Königsstadt Winchester und das Gralsgeschehen.

12. L'VOV: (deutsch Lemberg, früher Lamberg) in der russ. Ukraine, gegründet 1270, ab 1300 deutsches Recht, damals Lamburg; römisch-kath. und armenische Kathedrale; tolerantes Nebeneinander vieler europäischer Glaubensgemeinschaften; heute Hauptstadt des Distrikts Galizien (Gallicien?).

Mit diesem östlichen Punkt im entfernten Galizien schließt sich der europäische *Gralsweg* vom Atlantik (Gallien) über Nantes, Orléans, Troyes, Karlsruhe (Grals*ruhe*?) und Sternberk – die zentraleuropäische geomantische »Cheopspyramide« (s. Abb. 108) weist mit ihrer »Pyramidenspitze« Karlsruhe auf jenes Sternberk im ehemaligen Nordmähren, hinter dem ein möglicher weiterer Stern im Osten aufgehen wird: Lamberg (= Lamm-Berg, Widderberg?) als opferbereites Zeichen der Hoffnung und Versöhnung der europäischen Völker, die mit ihrem atlantischen Erbe *gemeinsam*

»Hüter der (Geistes-)Flamme« (so ein Buchtitel von Frédéric Lionel) und damit des Abendlandes sein sollten (s. Abb. 111 und 112).

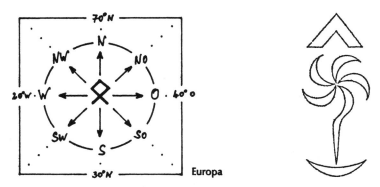

Abb. 111 Die Grals-Rune *Odil* als Andreas-Kreuz über Europa; aus Zoltán Szabó *Das Buch der Runen*. Die Ähnlichkeit dieser Rune zum »Sangreal«-Zeichen ist erkennbar: Dieses Zeichen setzt sich zusammen aus den archetypischen Symbolen für Saturn (= Körper, Begrenzung), Sonne (Geist) und Mond (Seele), kosmisch-alchemistisches Symbol für den Menschen und auch den Gral (Sangreal = ethymologisch möglicherweise heiliger Gral oder Blutschale).

Nur so kann das starre »Gralskreuz« über Europa, das Nord und Süd, Ost und West voneinander trennt, zum beweglichen und bewegenden »Andreas-Kreuz« (siehe Abb. 111) werden, das innerhalb Europas die freien Energien schöpferisch fließen läßt. Karlsruhe, die »Stadt der Atlantiden«, ist mit seiner Pyramide unerschütterliches Zentrum (s. Abb. 47) eines derartigen schrägen geomantischen Kreuzes, das Schottland mit Italien und Spanien über die *Deutschlandlinie* mit der Ostsee und schließlich Skandinavien verbindet – die von West nach Ost der aufgehenden Sonne zugewendete *Gralslinie* wird somit zur alles verbindenden und durchströmenden Herzlinie Europas.

Abb. 112 »Der Alte der Tage«. Gottvater als Schöpfer und Baumeister der Welt, der aus dem Kreis der unvorstellbaren Vollkommenheit (Kosmos/Sonne) heraus mit dem Zirkel (hier Saturnsymbol als »Hüter der Schwelle«) den sichtbaren materiellen Kosmos und so auch Erde und Mensch als Sinnbild des heiligen Grals erschafft. Titelzeichnung zu William Blakes visionärem Aufsatz *Europa – eine Prophezeihung* (1794). Hier schließt sich der Kreis von Gralsrune (Odil), Sangreal-Zeichen und Schöpfungsmythos.

ANHANG

ANMERKUNGEN

1 D. S. Mereschkowski: *Das Geheimnis des Westens. Europa – Atlantis.* Leipzig und Zürich, o. Angabe d. Erscheinungsjahres.
2 Günther Wachsmuth; a.a.O.
3 John Michell: *Die vergessene Kraft der Erde. Ihre Zentren, Strömungen und Wirkungsweisen*; a.a.O.
4 Ebd.
5 Blanche Merz; a.a.O.
6 Josef Needham, in: *Die vergessene Kraft der Erde* . . . von John Michell; a.a.O.
7 Nigel Pennick; a.a.O.
8 Walter Machalett: *Atlantis*; a.a.O.
9 Julius Evola: *Revolte gegen die moderne Welt.* Interlaken 1982.
10 John Michell: *Die vergessene Kraft der Erde* . . .; a.a.O.
11 Hermann Ebelin: *Ich aber weiß, was Freiheit ist . . . Fabeln, Poesie und Prosa des Gottlieb Konrad Pfeffel.* Karlsruhe 1981.
12 Zitiert aus: Nigel Pennick, *Die alte Wissenschaft der Geomantie*; a.a.O.
13 Robert K. G. Temple: *Das Sirius-Rätsel.* Frankfurt 1977.
14 C. H. Hapgood, zitiert aus: John Michell, *Die vergessene Kraft der Erde* . . .; a.a.O.
15 Jens Martin Möller: »Karlsruhe, Kaspar Hauser und die europäische Geschichte«, in: *Zeitschrift für Kosmosophie*; Heft 2, Karlsruhe 1986.
16 Werner Heisenberg, zitiert aus: Karl Walter, *Das Geheimnis der Planetensiegel.* Stuttgart 1976.
17 Mircea Eliade, zitiert aus: John Michell; a.a.O.
18 C. G. Jung, zitiert aus: Manfred Lurker, *Der Kreis als Symbol.* Tübingen 1981.
19 John Michell: *Die vergessene Kraft der Erde* . . .; a.a.O.
20 Joseph Heinsch; a.a.O.
21 Ebd.
22 Walter Haug; a.a.O.
23 Richard Fester: *Die Steinzeit liegt* . . .; a.a.O.
24 Kurt E. Kocher; a.a.O.
25 Walter Haug; a.a.O.

26 Ebd.
27 Richard Fester: *Die Steinzeit liegt* . . .; a.a.O.
28 M. Kahir: *Das verlorene Wort*. Bietigheim 1960.
29 B. P. Kremer: in: *Naturwissenschaftliche Rundschau*; Jg. 40, Heft 10, Stuttgart 1987.
30 Johann Heil: Kartenstudien, o.J.
31 John Michell: *Die vergessene Kraft der Erde* . . .; a.a.O.
32 Richard Fester: *Protokolle der Steinzeit*; a.a.O.
33 Karl Maier: »Über Steinkreuze, uralte Linien und ihre Beziehungen zu Karlsruhe«, in: *Zeitschrift für Kosmosophie*; Heft 1, Karlsruhe 1984.
34 Nigel Pennick; a.a.O.
35 Werner Heisenberg, vgl. Anm. 16.
36 Francis Hitching: *Die letzten Rätsel unserer Welt*. Frankfurt/M. 1982.
37 Walter Machalett: *Lichtenstein*; a.a.O.
38 Walter Machalett: *Externsteine*; a.a.O.
39 Dieter Schad: »Externsteine, Cheopspyramide und geomantische Überlegungen zur Varusschlacht in den Beckumer Bergen«, in: *Zeitschrift für Kosmosophie*; Heft 3, Karlsruhe 1987.
40 G. H. Kill: »Karlsruhes unsichtbare Geometrie«, in: *Zeitschrift für Kosmosophie*; Heft 1, Karlsruhe 1984.
41 Zoltán Szábó: *Buch der Runen*. München 1985.

LITERATURHINWEISE

Bauer, Wolfgang/Dümotz, Irmtraud/Golowin, Sergius: *Lexikon der Symbole*. Wiesbaden 1980.
Bindel, Ernst: *Die geistigen Grundlagen der Zahlen*. Frankfurt a. M. 1983.
Doczi, György: *Die Kraft der Grenzen*. München 1985.
Doucet, Friedrich W.: *Im Banne des Mythos – Die Psychologie des Dritten Reiches*. Esslingen 1979.
Endres, C. E./Schimmel, A.: *Das Mysterium der Zahl*. München 1985.
Fester, Richard: *Protokolle der Steinzeit*. München 1979.
Ders.: *Die Steinzeit liegt vor deiner Tür*. München 1981.
Frey, Gerhart (u. a.): *Kennzeichen KA*. Stuttgart 1987.
Grueb, Werner: *Wolfram von Eschenbach und die Wirklichkeit des Grals*. Dornach 1974.
Gsänger, Hans: *Atlantis – Der Beginn der Mysterien*. Freiburg i. Br. 1975.
Haug, Walter: »Der Märchenring in Karlsruhe-Rüppurr – ein badisches Stonehenge?«, in: *Zeitschrift für Kosmosophie*, Heft 3, Karlsruhe 1987.
Heinsch, Joseph: »Vorzeitliche Ordnung in kultgeometrischer Sinndeutung: Der Massbaum der Edda im Sonnenjahrkreise«, in: *Allgemeine Vermessungsnachrichten*, Sonderdruck aus Nr. 22/23, Jg. 1937.
Heyer, Karl: *Kaspar Hauser und das Schicksal Mitteleuropas im 19. Jahrhundert*. Stuttgart 1983.
Kocher, Kurt E.: *Macht Euch die Erde untertan. Die Teilung von Zeit und Raum seit der Steinzeit*. Dannstadt-Schauernheim 1983.
Machalett, Walter: *Atlantis*. Maschen 1970. *Externsteine*. Maschen 1970. *Lichtenstein*. Maschen 1970.
Merz, Blanche: *Orte der Kraft*. Chardonne 1984.
Meyer, Rudolf: *Zum Raum wird hier die Zeit – Die Gralsgeschichte*. Frankfurt/M. 1983.
Michell, John: *Die vergessene Kraft der Erde. Ihre Zentren, Strömungen und Wirkungsweisen*. Frauenberg 1975. *Die Geomantie von Atlantis – Wissenschaft und Mythos der Erdenergien*. München 1984.
Muck, Peter: *Alles über Atlantis. Alte Thesen – Neue Forschungen*. München 1978.
Pennick, Nigel: *Die alte Wissenschaft der Geomantie; Der Mensch im Einklang mit der Erde*. München 1982.

Pieper, Werner: *Starke Plätze – Orte, die zum Herzen sprechen.* Löhrbach 1988.
Rauprich, Herbert: *Cheops – Anfang und Ende der Zeiten im Grundmuster der Pyramide.* Freiburg i. Br. 1982.
Ravenscroft, Trevor: *Der Speer des Schicksals.* München 1974.
Steiner, Rudolf: *Aus der Akasha-Chronik.* Dornach 1975.
Sterneder, Hans: *Tierkreisgeheimnis und Menschenleben.* Freiburg i. Br. 1983.
Stockmeyer, E. A. Karl: *Der Modellbau in Malsch.* Malsch 1977.
Strachan, Gordon: *Christ and the cosmos.* Dunbar (GB) 1985.
Sütterlin, Berthold: *Geschichte Badens I.* Karlsruhe 1968².
Teudt, Wilhelm: *Germanische Heiligtümer.* Jena 1929.
Tompkins, Peter: *Cheops.* München 1979.
Tradowsky, Peter: *Kaspar Hauser oder Das Ringen um den Geist.* Dornach 1980.
Tributsch, Helmut: *Die gläsernen Türme von Atlantis.* Berlin 1986.
Wachsmuth, Günther: *Werdegang der Menschheit.* Dornach 1973².
Watkins, Alfred: *The old straight track.* Kent (GB) 1974.

Verwendetes Kartenmaterial

1. Die Oberrheinlande in alten Landkarten; Ausstellungskatalog der Badischen Landesbibliothek (Eigenverlag), Stuttgart 1981.
2. Heimatkarte der Region Mittlerer Oberrhein, im Maßstab 1 : 100 000.
3. Wanderkarte Karlsruhe – Südpfalz, Topographische Karte, im Maßstab 1 : 50 000.
4. Wanderkarte Karlsruhe – Pforzheim, im Maßstab 1 : 50 000 (Hg. LVA Baden-Württemberg).
5. Karlsruhe; Bild- und Stadtplan, im Maßstab 1 : 20 000.
6. Stadtkarte Karlsruhe, im Maßstab 1 : 20 000, Karlsruhe 1985.
7. Wanderkarte Karlsruhe – Baden-Baden – Herrenalb, im Maßstab 1 : 50 000.
8. Große Länderkarte Süddeutschland; Reise- und Verkehrsverlag, im Maßstab 1 : 500 000.
9. Shell Reisekarte Süddeutschland, im Maßstab 1 : 550 000.
10. Exxon Europakarte, im Maßstab 1 : 3 000 000.

QUELLENVERMERKE ZU DEN ABBILDUNGEN

Abb. 1 u. 2   Neumann-Gundrum, Elisabeth: *Europas Kultur der Groß-Skulpturen. Urbilder, Urwissen einer europäischen Geistesstruktur.* Gießen 1981.
Abb. 3   Langewiesche, Wilhelm: *200 000jährige Menschheits-Erinnerungen.* Regensburg 1959.
Abb. 4 u.5   In: *Naturstein* Heft 5, Ebner Verlag, Ulm/Donau 1987.
Abb. 6   Keyserlingk, Adalbert Graf von: *Und sie erstarrten in Stein – Frühe Mysterien in Korsika als Keime unserer Zeit.* Basel 1983.
Abb. 7 u. 8.   Wachsmuth, Günther; a.a.O.
Abb. 9   Machalett, Walter; a.a.O.
Abb. 10   Atkinson, R. J. C.: »Was ist Stonehenge?«, in: *Illustrierter Reiseführer.* London 1980.
Abb. 12   Bély, Lucien: *Der Mont Saint-Michel.* Rennes 1978.
Abb. 13   *Carnac and the Megalith Monuments of the Morbihan.* Piction Pictorials, 1984.
Abb. 17   Schnell Kunstführer Nr. 203, München 1987.
Abb. 19   Pennick, Nigel: *Hitlers secret sciences.* Suffolk (GB) 1981.
Abb. 20–22   Machalett, Walter: *Externsteine*; a.a.O.
Abb. 23, 42, 52 u. 53   Michell, John: *Die vergessene Kraft der Erde ...*; a.a.O.
Abb. 25   Meny, Heinrich: *Unser Karlsruhe.* Karlsruhe 1965.
Abb. 27   Schönenberger, Martin: *Verborgener Schlüssel zum Leben. Weltformel I Ging im genetischen Code.* Frankfurt/M. 1977.
Abb. 30–32   Temple, Robert K. G.: *Das Sirius-Rätsel.* Frankfurt 1977.
Abb. 33   Möller, Jens Martin: »Karlsruhe – Stadt der Pyramiden«, in: *Zeitschrift für Kosmosophie*; Heft 1, Karlsruhe 1984.
Abb. 37   Stockmeyer, E. A. Karl; a.a.O.
Abb. 39 u. 66   Speer, Albert: *Architektur.* Ullstein/Propyläen, Frankfurt 1978.
Abb. 43   Michell, John: *Die Geomantie von Atlantis ...*; a.a.O.
Abb. 45   Zier, Hans Georg: »Siegel und Wappen der Stadt Karlsruhe und ihrer Vororte«, in: *Badische Heimat*; Jg. 45, Heft 1/2, 1965.
Abb. 46   Ebelin, Hermann: *Fabeln, Poesie und Prosa des Gottlieb Konrad Pfeffel.* Karlsruhe 1981.

Abb. 54 Bauer, Wolfgang/Dümotz, Irmtraud/Golowin, Sergius; a.a.O.
Abb. 59 *Universale Bildung im Barock – Anastasias Kircher.* Ausstellungskatalog der Stadt Rastatt und der Badischen Landesbibliothek. Karlsruhe 1981.
Abb. 60 Zeichnung, verändert nach Leif Geiges, aus: *Die Regio.* Köln 1987.
Abb. 61, 67, 68, 70 u. 92 Haug, Walter; a.a.O.
Abb. 62, 87, 90 u. 91 Hitching, Francis: *Die letzten Rätsel unserer Welt.* Frankfurt/M. 1982.
Abb. 63–65, 76 Kocher, Kurt E.; a.a.O. Mit freundlicher Genehmigung des Autors.
Abb. 69, 73 u. 107 Landesbildstelle Baden, Karlsruhe 1988.
Abb 71, 83 u. 96 Adam, Ernst: *Baukunst in der Stauferzeit in Baden-Württemberg und im Elsaß.* Stuttgart und Aalen 1977.
Abb. 77 Schmidt, Ludwig: »Entdeckung einer ›Pyramide‹ im Fichtelgebirge. Ein Sinnmal urarischer Priesterweisheit der Steinzeit«, in: *Selber Tagblatt,* Nr. 47, 1930. »Der Erzähler«.
Abb. 82 Fester, Richard: *Die Steinzeit liegt . . .*; a.a.O.
Abb. 88 Krupp, Edwin C.: *Astronomen, Priester, Pyramiden.* München 1980.
Abb. 89 Schultz, Joachim: *Rhythmen der Sterne.* Dornach 1963.
Abb. 99 u. 100 Aus: *Der Sagenschatz des Rheinlandes.*
Abb. 101 Adelmann, G. S. und Schefold, Max: *Burgen und Schlösser in Württemberg und Hohenzollern.* Frankfurt/M. 1969.
Abb. 102 u. 103 Kill, G. G.: »Karlsruhes unsichtbare Geometrie«, in: *Zeitschrift für Kosmosophie*; Heft 1, Karlsruhe 1984.
Abb. 105 Pennick, Nigel; a.a.O.
Abb. 106 Postkartenverlag English Heritage, GB.
Abb. 109 Houvet, Etienne: *Die Kathedrale von Chartres.*
Abb. 110 Merz, Blanche; a.a.O.
Abb. 111 van dem Borne, Gerhard: *Der Gral in Europa.* Stuttgart 1976.

Bücher, die verändern helfen

Susanne G. Seiler (Hg.)

Gaia – Das Erwachen der Göttin

272 Seiten mit
47 Schwarzweiß-Abbildungen,
kartoniert
ISBN 3-591-08300-3

Die Verwandlung unserer
Beziehung zur Erde

Die Gaia-Hypothese des Klimatologen Jim Lovelock und der Mikrobiologin Lynn Margulis beschreibt die Erde als intelligentes Lebewesen, als ein System, das sich selbst steuert und heilt. Vom 20. bis 27. Mai 1990 fand in Todtmoos eine internationale Konferenz statt, auf der Experten Umrisse und Perspektiven einer ökologisch eingebetteten Kultur aufzeigten, die eine Verwandlung unserer Beziehung zur Erde bewirken könnte. Die interessantesten Beiträge sind in diesem Buch zusammengestellt worden. Sie stammen von:

Maria Hippius-Gräfin Dürckheim · Richard Baker-Roshi · Paul Devereux · Kaye Hoffman · Margrit Kennedy · Rüdiger Lutz · Norbert J. Mayer · Ralph Metzner · Claudia Müller-Ebeling · Margo Anand Naslednikov · Astrid Peller · Elizabeth J. Roberts · Micky Remann · Rupert Sheldrake · Jutta Voss und Achim Wannicke.

Vorwort von Martin Kremer und Dieter Schmidt

AURUM VERLAG · BRAUNSCHWEIG

EDITION ROTER LÖWE

Indem wir akzeptieren, daß jeder von uns genauso ein Teil der Natur ist, wie alles, was um uns herum lebt, und indem wir unser Leben wieder mit den natürlichen Zyklen verbinden, entdecken wir inneren Frieden und Gelassenheit – die Magie der Natur.

Aus dem Inhalt
Mit der Natur arbeiten / Kräuter, Pflanzen und Bäume / Die heiligen Wasser / Flamme und Form / Düfte und Gefühle / Naturgeister und Elementale / Jahreszeitliche Feste

Marian Green

Naturmagie

192 Seiten, kartoniert
ISBN 3-591-08322-4

AURUM VERLAG · BRAUNSCHWEIG

EDITION ROTER LÖWE

Der Mythos vom Heiligen Gral birgt sehr viel tiefes esoterisches Wissen in sich, das bis heute noch kaum entschlüsselt worden ist. In diesem Buch wird nicht nur die historische Dimension des Gralsmythos beleuchtet, sondern vor allem auch die Bedeutung des Grals als Symbol der Initation.

Aus dem Inhalt
Der keltische Gral / Der Kelch Christi / Der Stein der Weisen / Die Gralsfamilie / Das öde Land und der verwundete König / Gralsrittertum heute

John Matthews

Der Gral

196 Seiten, kartoniert
ISBN 3-591-08326-7

AURUM VERLAG · BRAUNSCHWEIG